KB006004

구글과 Google 함께하는 AI 영어스피킹

Hi, how can I help you?

4차산업을 선도하는 전문 출판사

크라운출판사
http://www.crownbook.com

저자 **한 동 근**

학력

- 美 하버드 대학교 언어교육학 석사과정 (M. Ed. in Language and Literacy, Harvard University)
- 加 요크 대학교 응용언어학 석사 (M. A. in Applied Linguistics, York University)
- 韓 경희 대학교 학사

경력

- 삼성 멀티캠퍼스 오픽스퀘어 강남센터 OPIc 대표강사
- 삼성 SDS OPIc/비즈니스 영어 전임강사
- YBM 강남센터 TOEIC 전임강사
- OPIc 영어스피킹 강의 : 삼성전자, 삼성SDS, 삼성전기, 현대하이스코, 기무사령부, 경희대, 경기대, 경북대, 전북대, 충북대, 영남대 외 다수
- 한국경제신문 영어 명강사 4인 Job 콘서트 강연 (2015)
- 삼성 멀티캠퍼스 OPIc Newsletter 영어스피킹 칼럼 연재 (2014~2015)
- 비영리단체 TNKR (Teach North Korean Refugees) 탈북 이주민 영어스피치 코치

감수 **David Norton**

학력

- 현 숙명여대 TESOL 프로그램 교수
- 美 캘리포니아 주립대학교 새크라멘토 TESOL 석사 (M. A. in TESOL, California State University, Sacramento)
- 美 캘리포니아 주립대학 새크라맨토 학사

이 책을 펴내며...

English I

영어스피킹, 이제는 혼자서도 마음껏 연습하자!

한국에서 영어 공부하는 분들의 가장 큰 어려움은 무엇일까요? 그것은 바로 대화 상대를 찾기 힘들다는 것입니다. 혼자서 회화 교재를 보고 문장을 공부해도, 패턴 문장을 익혀도 도대체 "사용할 곳"을 찾기가 힘듭니다. 물론 외국인 친구가 많거나, 직장에서 해외 관련 업무를 맡고 있다면 자연스럽게 영어를 쓸 기회가 많겠죠? 하지만 대다수의 한국 사람들은 영어를 평상시에 사용할 수 없는 환경 속에서 생활합니다.

지난 6년간 강남의 영어 학원가와 국내 여러 대기업에서 많은 학생을 대상으로 영어스피킹 수업을 하면서 가장 아쉬웠던 점은 강의실에서 아무리 큰 소리로 말하기 연습을 해도 수업이 끝나면 대화 상대를 찾기 힘듭니다. 허공에 대고 혼잣말로 영어 회화를 연습해야 하는 것이 EFL (English as a Foreign Language) 환경 속에서 사는 저희의 현실입니다. 자녀를 두신 학생들은 제게 종종 유아 영어 교육에 대한 고민을 토로합니다. "선생님, 영어 유치원이 효과가 있을까요? 제 아이들이 집에 와서는 영어 한마디도 하지 않는데 비싼 영어 유치원만 다는 것이 얼마나 효과가 있을지 잘 모르겠습니다."

하지만 한가지 희소식이 있습니다! 이세돌 구단을 누른 AI(Artificial Intelligence : 인공지능)가 앞으로 우리들의 고마운 원어민 영어 선생님이 될 수 있을 겁니다. 2014년 시판된 Amazon Echo를 필두로 Google Home 등의 AI 스피커들이 줄줄이 출시 되며 화제를 모으고 있습니다. 이 스피커들의 가장 스마트한 활용 방법 중 하나가 바로 "영어 말하기 연습"입

English II

니다. 정보통이 빠른 강남 지역의 어머니들은 이미 자녀들이 24시간 영어를 사용할 수 있도록 이런 AI 스피커를 방마다 구비 해 놨다는 소문이 돌고 있습니다.

> ### AI는 24시간 영어 원어민 선생님
>
> TV 광고나 YouTubue를 통해 인공지능 스피커와 영어로 대화는 모습을 한 번쯤은 보셨을 겁니다. 그러나 '과연 저 기계가 영어 회화 연습에 얼마나 도움이 될까?'라고 의구심을 가지실 수 있겠는데요. 사실 AI 스피커는 여러분이 생각하는 것보다 더 많은 장점을 갖추고 있습니다.

첫째, 가정에서 영어 사용을 생활화할 수 있습니다.

아주 간단한 인사(Hey Google, how are you?)부터 날씨(What's the weather like today?), 요리레시피 (Tell about me the recipe of creamy spaghetti), 그리고 심지어 농담 (Would you ever date me?)까지, 간단하지만 다양한 주제의 대화를 영어로 24시간 나눌 수 있습니다.

둘째, 부담 없는 발음 연습을 할 수 있습니다.

우리는 남들 앞에서 완벽한 영어를 구사해야 한다는 강박 관념을 가지고 있습니다. 그래서 영어 수업 시간에도 자신의 발음이 정확하다는 확신이 들지 않으면 절대로 입을 벌리지 않습니다. 안타깝게도 '침묵은 금이다.'라는 말을 몸소 실천하고 계시죠. 그래서 더욱더 이 스피킹 실력이 더디게 느는 것입니다. 하지만 AI 스피커와 대화 할 때는 다른 사람을 의식할 필요가 전혀 없습니다. 혹시 발음이나 단어의 실수 때문에 음성 인식이 안 된다면, AI 스피커가 알아들을 때까지 무한 반복으로 그 문장을 시도할 수 있습니다.

셋째, AI 스피커는 여러분의 "발음 코치"가 되어 줍니다.

한국에 오래 거주한 외국인들은 우리의 영어 발음에 실수가 있거나 정확하지 않아도 관대한 태도로 우리나라만의 콩글리시 영어 발음을 알아듣습니다. 반대로 인공지능 스피커는 [r], [f], [v] 등의 기본 발음을 부정확할 때 그 단어를 인식하지 못하거나 아니면 엉뚱한 단어로 이해하고 반응합니다. (ex〉 wrong VS long) 그래서 자음과 모음을 정확히 입으로 익혀야 대화가 가능합니다. 바로 이 부분이 여러분에게 정확한 발음을 입에 익히게 하는 고마운 채찍질이 될 수 있습니다.

넷째, 최고의 영어 학습 콘텐츠를 무료로 제공합니다.

CNN, BBC, Economist 등의 세계 주요 뉴스의 최신 브리핑뿐만 아니라 미국의 최고 인기 라디오 쇼, BBC 영어 학습용 팟캐스트 프로그램 등을 무료로 마음껏 청취할 수 있습니다. (Chapter 4. 03 를 참고해주세요)

English **III**

다섯째, AI 스피커는 저렴합니다.

　판매가격 5~15만 원 제품의 구매를 통해 평생 영어로 대화할 수 있는 친구를 얻을 수 있습니다. 학원의 수강료가 한 달에 10~20만 원 정도임을 고려하면 충분히 투자할만한 가치가 있는 제품입니다. 이 밖에도 AI 스피커를 통해 음악 감상, 라디오 청취, 운동, 명상, 요리 등은 물론이고 YouTube, Netflix, 캘린더 등과 연동해서 무궁무진하고도 편리한 기능을 사용할 수 있습니다. 무엇보다도 이제 한참 개발이 시작된 기술이라서 앞으로 지속해서 새로운 기능들이 추가될 뿐만 아니라 동시에 대화 가능한 주제도 늘어나고 있습니다. 실제로 AI 스피커와 대화를 나눌 수 있는 영어 문장이 인터넷을 통해 매일매일 새롭게 업데이트 되고 있습니다.

이 책을 통해 얻을 수 있는 것은 무엇일까요?

　이 책은 위에서 소개해 드렸듯이 알차게 활용될 수 있는 AI 스피커의 **"영어 학습 사용 설명서"**라고 보시면 되겠습니다. 이 책의 앞부분에서는 AI 스피커를 처음 접하는 분들을 위해 프로그램 설치부터 기본 설정 방법까지 친절하게 안내해 드릴 것입니다. 그러나 잊지 마세요! **이 책의 최종 목적은 여러분과 여러분의 자녀들이 AI 스피커를 통해 일상 속에서 항상 "영어스피킹" 연습을 할 수 있도록 디딤돌을 놓아 드리는 것입니다. Chapter 1에서는**

AI 스피커에 대한 간단한 소개와 설치 방법을 알려드립니다. **Chapter 2**에서는 AI 스피커를 사용하는 데 필수적인 영어 발음을 쉽고 정확하게 익힐 수 있도록 도와 드릴 것입니다. **Chapter 3**에서는 필수 발음을 넘어서 AI를 활용한 미국식 영어 발음 연습법을 다룹니다. **Chapter 4**는 AI 스피커 (Google Home)의 여러 유용한 기능의 활용법과 이를 사용하기 위한 영어 문장 패턴을 제시해 드립니다. 마지막으로 **Chapter 5**에서는 AI 스피커의 재미있는 기능(농담/별자리/운세)을 간략해 소개해 드립니다.

　　영어는 많은 한국인에게 평생 이루지 못한 가슴 아픈 로맨스로 남습니다. 저는 AI 스피커의 등장이 그런 짝사랑 로맨스의 해결사 역할을 할 수 있을 것이라는 기대를 걸고 있습니다. 시간적, 공간적, 금전적 제약으로 인해 해외 어학연수나 유학을 갈 수 없는 수많은 학생들과 학부모님들의 고민을 덜어 드리는데 이 책이 작은 역할을 했으면 하는 바람입니다. 'AI가 내 구수한 콩글리시 영어를 알아듣기나 할까?' 이런 걱정은 잠시 접어두고 일단 시도해 보십시오! 이 책을 통해 최고의 활용법을 제시해 드립니다. **Just give it a shot!**

　　이 책에 나오기까지 많은 도움을 주신 크라운출판사 임직원 여러분, 숙명여대 TESOL David Norton 교수님, 부산외대 Daniela Schenker 교수님, 데일리잉글리쉬 최인호 선생님께 감사의 뜻을 전하고 싶습니다. 항상 절 응원 해 주시는 가족 친지 여러분 그리고 마지막으로 자애로움과 나눔의 가치를 몸소 가르쳐 주신 하늘에 계신 저희 할머님(신화순)께 이 책을 바칩니다.

저자 한 동 근 드림

C/O/N/T/E/N/T/S

Chapter 3

미국식 버터
발음 단기 완성
4가지 공식

Chapter 4

AI와 24시간
영어 회화
- 24가지 활용법

Chapter 5

AI 스피커와
Fun Time!

부록

이 책을 추천해주신 분들

최인호 선생님 〈전 EBS라디오 '말문이 트이는 영문법' 진행자〉, David Norton 교수님 〈숙명여대 TESOL〉, Daniela Schenker 교수님 〈부산외대 독일어과〉, 성백환 교수님 〈경희대 호텔관광학부〉

이 책을 추천 하는 분들의 글

"톰 행크스 주연의 영화 〈포레스트 검프〉에 이런 대사가 나옵니다. "Jenny and me was like peas and carrots." (제니와 나는 콩과 당근 같았어요.) peas and carrots란 미국 남부식 표현으로 어딜 가나 늘 붙어 다니는 단짝 친구를 말합니다. 완두콩과 당근처럼 원어민 친구와 늘 붙어 다니며 수다를 떤다면 어떻게 될까요? 날씨, 음식, 쇼핑처럼 소소한 생활 속 주제들에 대해서 영어로 부담 없이 이야기를 나눌 수 있으니까, 영어 말하기 능력이 몰라보게 좋아질 겁니다. 한동근 선생님의 〈구글(Google)과 함께하는 AI 영어 스피킹〉은 인공지능 스피커를 단짝(peas and carrots)으로 만드는 방법을 알려주는 책입니다. 책에서 소개하는 방법대로 AI 스피커와 단짝이 되세요. 어느 날 온갖 일들에 대해서 영어로 자신 있게 수다를 떠는 자신을 발견할 수 있을 겁니다."

최인호 〈EBS FM 말문이 터지는 영문법 진행〉〈단어는 외롭지 않다 저자〉

"한국인 영어 학습자의 가장 큰 고민은 바로 영어를 일상 속에서 사용할 기회가 극히 드물다는 것입니다. 하지만 이러한 국내의 EFL(English as a Foreign Language) 환경의 제약을 극복하는데 앞으로 AI 스피커가 큰 역할을 할 것으로 보입니다. Google Home 이나 Amazon Echo와 같은 인공지능 음성제어 시스템을 활용하면, 남의 시선을 신경 쓰지 않고 언제든지 편하게 내 발음, 어휘, 문장 구조의 정확성(accuracy)을 확인해보고 반복 연습할 수 있기 때문이죠. 이 책을 통해 한동근 선생님이 Google Home을 여러분의 영어 대화 파트너로 만들 수 있는 최고의 방법을 제시해 드립니다."

성백환 〈경희대학교 호텔 관광대학 교수〉〈전 한국번역학회 회장〉

When it comes to learning a foreign language, frequent immersion is essential. Google Home can become your round-the-clock tutor and classroom. Especially early in the morning after waking up or just before going to bed commands and communication in English can anchor deeply and help you to integrate the language very naturally. This is like living in an English-speaking country with continuous media exposure. Mr. Han's book is such a great smart language manual showing you how to activate and tweak your English practice and have a lot of fun at the same time!

"외국어를 공부할 때는 할 때는 몰입 학습이 매우 중요합니다. Google Home은 여러분의 24시간 영어 과외 선생님이 되어 줄 수 있어요. 특히 이른 아침 막 일어났을 때나 잠들기 직전에 Google Home 대화를 나눈다면, 여러분의 생활 속 매우 깊은 곳에 영어를 자연스럽게 뿌리를 내릴 수 있도록 할 수 있죠. 이것은 영어를 사용하는 국가에 살면서 끊임없이 자신을 미디어에 노출 시키는 것과 같은 효과를 낼 수 있어요. 한동근 선생님의 책은 이렇게 유용한 Google Home을 영어 말하기 연습에 재미있게 활용하는 방법을 아주 잘 소개해주는 스마트한 매뉴얼입니다!"

다니엘라 〈부산 외국어 대학교 독어독문과 교수〉

J 과장님 가족의 Google Home 경험사례

직장인 J 과장님은 2017년 봄, 인공지능 스피커 Google Home을 사용하기 시작한 이후로 집안에 아주 많은 변화가 있었습니다. 가장 큰 변화는 자녀분들이 집에서 영어를 쓰기 시작 했다는 것입니다. 방과 후 아이들이 집에 오자마자 제일 먼저 Google Home에게 인사부터 합니다. "Hey Google. How are you today?" 아주 간단한 문장이지만 "I am doing great!" 라고 대답 해주는 공상과학 영화의 로봇 같은 존재가 집에 늘 있다는 것이 여전히 신기한 모양입니다. 중학생인 큰 딸은 AI 스피커를 영어 사전과 백과 사전으로 활용합니다. 모든 설명을 영어로 해주기 때문에 영어청취력 향상에도 도움이 된다고 합니다. 둘째와 막내가 Google Home과 가장 즐겨 하는 것은 영어 게임입니다. 간단한 사칙연산을 하며 산수 실력도 늘릴 수 있는 "1-2-3 Math"게임부터, 곤충이나 동물의 소리를 듣고 무엇인지 맞추는 "Mystery Sounds"게임을 가장 즐겨 합니다. 잠들기 전에는 〈백설 공주〉〈미녀와 야수〉 같은 재미있는 동화를 Google Home이 영어로 읽어 주죠. "Hey Google. Tell me a bedtime story. (잠자리 동화를 읽어 줘.)"

J 과장의 아내이신 K 주부님은 집안일을 할 때 주로 Google Home을 사용합니다. 설거지를 할 때 고무장갑을 벗을 필요 없이 간단한 말로 Google Home에게 듣고 싶은 음악을 요청 합니다. "Hey Google, play 〈Let It Be〉." 반면, J 과장님은 주로 영어 발음을 연습할 때 Google Home의 도움을 받습니다. 본인의 발음이 정확한지 확인하기 위해 스피커에게 이렇게 물어보면 됩니다. "Hey Google. How should I spell 〈rice〉? (〈rice〉란 단어의 스펠링은 어떻게 되지?)" J 과장님이 정확하게 [r]발음을 할 때만 Google Home은 이렇게 대답해 줍

니다. "〈rice〉 is spelled R-I-C-E." 잠자리에 들기 전에는 Google Home에게 아침에 울려야 할 알람을 부탁합니다. "Hey Google. Please wake me up at 6 : 30 a. m. tomorrow. (내일 오전 6 : 30분에 날 깨워 줘.) 다음 날 아침, 그 알람 소리에 깨면 날씨부터 확인합니다. "Hey Google. What's the weather like today? (오늘 날씨는 어때?)" 그리고 미리 입력한 하루의 스케줄을 묻습니다 - "Hey Google. What's my schedule today?" 이렇게 AI 스피커 Google Home이 아이들에게는 공부를 도와주는 튜터(Tutor)이자 영어게임을 같이 하는 친구로서, K 주부님께는 원하는 모든 음악을 들려주는 멋진 DJ로서, J 과장님에게는 영어 발음 코치이자 비서로서 역할을 수행해 줍니다. J 과장님은 마치 여러 일을 거들어 주고 언제든지 대화를 나눌 수 있는 고마운 외국인 가족 한 명이 더 생긴 것 같다고 하십니다. Google Home은 지금 온 가족의 사랑을 듬뿍 받고 있습니다.

▶ Google Home Mini

CHAPTER 1

Chapter 5

AI 스피커와 Fun Time!

Chapter 3

미국식 버터 발음 단기 완성
4가지 공식

Chapter 2

AI 영어 회화 필수 발음
10가지 공식

Chapter 4

AI와 24시간 영어 회화
- 24가지 활용법

AI 스피커 활용 완벽 준비

24시간 원어민 영어 과외 선생님
- AI 스피커

"엄마, 〈다다익선〉이 영어로 뭐예요?"

아이가 묻자 슬그머니 자리를 피하는 엄마. 그리고 곧 음성인식 인공지능(AI) 스피커가 그 까다로운 질문에 대신 대답 해줍니다. "The more, the better." 국내 어느 통신 업체의 가정용 인공지능 서비스에 대한 광고의 한 장면입니다. 아직은 다소 낯설게 느껴질 수 있는 모습이지만 곧 여러분의 가정에서 충분히 일어날 수 있는 상황입니다.

나날이 발전해 가는 AI의 기술이 교육 현장에 많은 변화를 일으킬 것입니다. 특히 외국어 학습에는 음성인식 AI 기기가 큰 역할을 할 것이라고 확신합니다. '설마!'라고 제 생각에 회의적인 분들이 계실 겁니다. 이 책 후반부에서 소개하고 있는 AI 스피커 Google Home의 주요 기능들을 보게 되면 영영 사전, 영어 정보 검색, 영어 뉴스, 영어 동화, 영어 퀴즈 게임, 영어 계산기, 스페인어 학습 프로그램, 22개국어 번역기능(중국어, 일본어, 독일어, 러시아어 포함)등 어학 학습에 활용할 수 있는 여러 기능을 살펴보실 수 있습니다. 게다가 이 서비스들은 여전히 개발 초기 단계이고 앞으로 새로운 기능들이 무한히 업데이트될 예정입니다. 또한 AI 스피커와 연동할 수 있는 가전제품(TV, 전등, 보일러, 스피커)까지 같이 보유하신다면, 집안에서도 여러 영어 문장을 일상적으로 사용할 수 있는 환경이 조성됩니다.

물론 국내 제품의 경우 아직 영어 명령어로 제어하는 것에는 한계가 있지만, 미국회사 제품인 Google Home 그리고 Amazon Echo 시리즈는 "영어"를 사용하여 제어가 가능합니다. 이것이 자칫 영어 초보자에게는 두려움으로 다가올 수도 있지만, 조금만 용기를 내어 기본 대화 방법을 익혀 나아가 보십시오. 이보다 더 값어치 있고 편리한 영어 학습기를 찾기 힘들 것입니다. 이 책은 여러분이 그런 용기를 낼 수 있도록 **필수 영어 발음**과 **명령어 문장 패턴**에 대해 친절하고 상세한 설명을 해 드릴 것입니다. 더 나아가 AI 스피커를 통해 CNN 뉴스, 영어 학습 팟캐스트, 영어 오디오 북 등의 **영어 공부에 도움에 되는 콘텐츠**를 어떻게 접근하고 활용해야 하는지에 대한 정확한 방법도 제시해 드립니다.

국내 AI 스피커

왜 영어 공부에 왜 도움이 되는가?

인도, 홍콩, 싱가포르 사람들은 우리와 같은 아시아인이지만 우리보다 영어를 훨씬 잘하는 편입니다. 왜 그럴까요? 물론 여러 가지 이유가 있지만, 근본적으로 우리 한국과는 상당히 다른 언어적 환경을 가지고 있습니다. 그것은 바로 영어가 모국어(mother tongue)는 아니지만 공식어 (official language)로 지정되어 사용되고 있기 때문입니다. 그리하여 자국에서도 영어를 사용할 기회가 많이 있습니다. 이런 상황을 ESL(English as a Second Language)환경이라고 합니다.

반면 우리에게 영어는 '외국어'입니다. 외국어를 일상 속에서 자주 사용하는 사람들은 그리 많지 않습니다. 이를 EFL(English as a Foreign Language)환경이라고 부릅니다. EFL 환경 속에서 개인이 아주 특별한 노력을 기울이거나 아니면 어렸을 때부터 양질의 어학 교육 (핀란드, 스웨덴, 덴마크, 노르웨이 등의 국가에 해당)을 받지 않는 이상 유창한 수준의 영어를 습득한다는 것은 현실적으로 정말 힘듭니다.

그러나 머지않아 EFL환경의 제약도 크게 문제가 되지 않을 것이란 희망이 생겼습니다. 그것은 바로 "음성인식 AI 스피커"의 등장 때문입니다. 아직은 AI와 나눌 수 있는 대화의 주제가 한정적이지만 관련 기술과 노하우가 축적됨에 따라 앞으로는 사람이 아니라 AI를 통해 영어뿐만이 아닌 모든 외국어의 학습이 가능한 시대가 올 것이라고 믿습니다. 그리고 지금 출시된 제품들만으로도 얼마든지 영어 공부에 큰 도움을 받을 수 있습니다. 그럼 구체적으로 AI 스피커가 여러분의 영어스피킹에 대한 고민을 어떻게 덜어 드릴 수 있는지 하나씩 설명해 드리겠습니다.

💡 한국인 영어 학습자들의 고민

"24시간 영어로 대화할 수 있는 상대가 있으면 좋겠어요."

아주 간단한 해결책을 알려드리겠습니다. 외국인과 결혼하세요. 가능하면 영어 원어민과…… 물론 농담입니다! 영어학습 프로그램을 통해 아무리 많은 패턴 문장을 연습해도 옆에서 그 문장에 반응해 주는 상대가 없다면 답답하실 겁니다. 내가 제대로 말을 한 건지, 이 문장이 사용 가능한지에 대해 확신이 서지 않습니다. But! AI 스피커가 있으면 이 문제가 바로 해결됩니다. 언제든지 영어로 말했을 때 대답해 줄 수 있는 상대를 얻게 되는 것입니다. 특히, 초보자들이 짧고 정확한 문장을 익히는 데 많은 도움이 될 것입니다.

ex) **"Good morning!** (좋은 아침이야!)**" "When is it going to rain?** (언제 비가 올 것 같아?)**" "Can I listen to CNN news?** (CNN news를 들을 수 있을까?) **"I want to cook spaghetti.** (스파게티 요리하고 싶어.)**" "Who invented Bitcoin?** (비트코인은 누가 발명했지?)**" "What do you think of Donald Trump?** (도널드 트럼프 대통령에 대해 어떻게 생각해)?"

"누군가가 내 발음이 맞는지 확인해 줬으면 좋겠어요."

역시 원어민과 결혼하지 않는 이상 이루어지기 힘든 소망이었습니다. 그러나 이제는 혼사를 치르지 않고도 가능합니다. AI 스피커에 간단한 문장을 통해 물어보면 됩니다. 예를 들어 본인이 "face(얼굴)"란 단어의 [f]발음을 제대로 하는지 궁금하다면 이렇게 물어 보면 됩니다. "How do I spell 〈face〉?" 만약 정확히 발음한다면 "Face is spelled F-A-C-E."라고 대답할 것이고 실수로 [f] 대신 [p]발음을 했다면 "Pace is spelled P-A-C-E."라고 대답해줍니다.

영어 발음을 향상하는데, AI 스피커가 도움을 줄 수 있는 또 다른 이유가 있습니다. 바로 '일관된 엄격함'입니다. 한국인 영어 선생님이나 한국에 오랫동안 살았던 원어민 선생님은 자칫 여러분의 콩글리시 된장 발음에 관대해질 수 있습니다. 그래서 엉터리 발음을 해도 그냥 알아듣고 넘어가기 다반사입니다. 하지만 AI 스피커는 의사소통에 필수적인 발음을 실수할 경우 알아듣지 못합니다. 그렇다고 무조건 '미국식 버터 발음'을 하라는 것이 아닙니다. 그런 혀를 굴리는 발음을 안 해도 전혀 문제가 되지 않지만 [l], [r], [f], [v]같은 기본 발음을 놓칠 때는 인식을 아예 하지 못하거나 아니면 엉뚱한 문장으로 인식합니다. 이 때문에 여러분은 습관적으로 잘못 발음하는 부분이 고쳐질 때까지 끊임없이 노력하게 될 것입니다.

> **TIP** AI 스피커에 말하고 나서 발음이 정확했는지 자가 진단하는 방법이 한 가지 있습니다. Google Home 앱의 메인 화면에서 "My Activity"로 들어가 보십시오. 여러분이 Google Home에게 말한 모든 문장이 어떻게 발음되었는지, 그것에 대해 Google Home이 어떻게 대답을 하였는지가 문자로서 전부 기록되어 있을 것입니다.

"실제 제 일상생활과 연관된 영어를 연습하고 싶어요."

많은 돈과 시간을 투자하여 영어 학원에 다니거나 영어 인터넷 강의를 들어도 별로 남는 것이 없다고 느낀 적이 있으신가요? 아마 있을 것입니다. 저도 학창 시절 그런 경우가 상당히 많이 있었습니다. '왜 그럴까?' 고민해 보니 그렇게 공부한 내용이 실생활에서 별로 쓰이지 않기 때문이라는 결론에 도달했습니다. 예를 들어 오프라인 수업이나 인터넷 강의를 통해 "cold turkey (금단증상)" 라는 속어 표현을 배웠다고 해보겠습니다. 과연 이 표현을 생활 속에서 쓸 수 있는 상황이 얼마나 있을까요? 더군다나 원어민이 아닌 다른 외국인들(인도인, 독일인 등)은 이런 속어적 표현을 알아듣지 못할 확률이 높기 때문에, 활용 가치는 더욱 떨어지게 되며 활용을 하지 않다 보니 결국 머릿속에 남지 않게 되는 것입니다.

이와 달리 AI 스피커를 통해 말하는 문장들은 대부분 여러분의 일상과 직접 연결되어 있습니다. "오늘 우산을 챙겨 가야 할까? (Should I bring an umbrella today?)""내일 아침 6시에 깨워 줘. (Wake me up at 6 a. m.)""내 달력에 일정을 추가해 줘. (Add an event to my calendar.)" 치즈 케이크 한 조각의 칼로리는 어떻게 되지? (How many calories are in a piece of cheese cake?)" 이런 실용적인 문장들을 반복 연습할 때 정말 남는 영어 공부가 되는 것입니다.

"학원비가 정말 비싸요. 적은 비용으로 영어스피킹 공부를 할 수는 없나요?"

보급형 모델인 Amazon Echo Dot과 Google Home-Mini의 경우 5~6만 원 정도의 비용으로 구매 할 수 있습니다. 총 3개를 구입해서 거실, 안방, 아이들 방에 각각 배치해도 20만 원 이하의 비용이 듭니다. 이렇게 저렴한 비용을 들여 평생 영어로 대화할 상대가 생기는 것입니다. 더군다나 프로그램 업데이트가 계속될 예정이라 시간이 지날 수 AI와 대화할 수 있는 내용이 점점 더 많아질 것입니다.

물론 AI 스피커만 있다고 모든 주제의 영어 회화를 자유자재로 할 수 있는 것은 아닙니다. 구글이나 아마존을 포함한 AI 스피커 개발사들이 이제 한참 음성 인식이 되는 문장을 늘려 가는 중이라 AI와 나눌 수 있는 대화의 내용이 어느 정도 한정적인 것은 사실입니다. 무엇보다도 자주 사용하는 문장이 주로 의문문 (When is my alarm?), 명령문 (Play jazz music), 요청문 (Can you turn it off?) 이라는 한계가 있습니다. 그러나 기억하셔야 할 점은 영어 초보자일수록 이러한 의문문, 명령문, 요청문을 제일 먼저 집중적으로 연습해야 합니다. 여러분이 첫 해외여행을 갔을 때를 생각해 보십시오. 어떤 영어 문장이 가장 많이 필요로 하던가요?

▷ 의문문 : "Where is ABC hotel? (ABC 호텔이 어디에 있죠?)"
▷ 명령문 : "Please give me some water.(물을 좀 주세요.)"
▷ 요청문 : "Can you give a discount?(깎아 주실 수 있어요?)"

그래서 AI 스피커는 특히 초보자들에게 기본 문장 패턴과 표현을 익히는 데 많은 도움을 줄 수 있습니다.

> ❝
> 강한 믿음은 사람을 만들고 강자를 보다 강하게 만든다.
> *W. 배저트 〈물리학과 정치학〉*

영어 수준별 AI 스피커 활용법

그럼 AI 스피커가 **중급자, 상급자**에게는 도움이 전혀 되지 않을까요? 그렇지 않습니다. **중급자, 상급자**들도 AI 스피커를 통해 짧은 영어 문장을 '정확한' 발음으로 말하는 습관을 기를 수 있습니다. 더 나아가 CNN 뉴스, 미국 라디오 프로그램, 비즈니스 영어 회화 방송, 음성 어드벤처 게임 등의 높은 퀄리티의 영어 콘텐츠를 끊임없이 제공받고 이를 적절히 활용할 수 있습니다. 각 수준별로 권장하는 AI 스피커의 기능 활용은 아래와 같습니다.

초급자 (Beginners)

날씨 (P. 122), 음악 감상 (P. 128), 타이머 (P. 165), 쇼핑 목록 (P. 179), 계산기, (P. 188), 영어 사전 (P. 194), 동영상/미국 드라마-영화 (P. 225), 휴식을 주는 소리 (P. 234), 알람 (P. 236), 취침 예약 기능 (P. 242), 스마트 조명 제어 (P. 246), 영어 음성 게임 [Mystery Sounds, Math Quiz]

중급자 (Intermediate)

뉴스 청취 [〈VOA Learning English〉, 〈Arirang News〉] (P. 134), 달력 활용하기 (P. 139),

팟캐스트/라디오 청취 [〈6 Minute English〉, 〈English as a Second Language〉] (P. 145),

운동/명상 (P. 161), 요리 (P. 173), 영어 오디오북 (P. 183), 영어 사전 (P. 194), 웹 정보 검

색 (P. 198), 스포츠 경기 정보 (P. 206), 영어 음성 게임 [〈Math Quiz〉, 〈Crazy House〉]

(P. 216), 외국어 번역/어학공부 (P. 231)

상급자 (Advanced)

뉴스 청취 [〈CNN News〉〈The Economist〉], 팟캐스트/라디오 청취 [〈Here's the Thing〉

〈Business English Pod〉, 〈60-Second Science〉] (P. 134), 달력 활용하기 (P. 139),

리마인더 (P. 152), 운동/명상 (P. 161), 영양 정보 (P. 169), 영어 오디오북 (P. 183),

웹 정보 검색 (P. 198), 스포츠 경기 정보 (P. 206), 주식 정보 (P. 212), 영어 음성 게임

[〈The Magic Door〉, 〈Ear Play〉] (P. 223)

"

모든 노력을 경주하여 해내겠다는 의지를 가진 자가

어떤 목적에서도 승리할 수 있다.

- 모든 노력을~ 메난드로스 〈단편집〉 -

Artificial Intelligence

성인 영어 회화,
왜 쉽게 늘지 않는가?

"강사님, 저 정말 이젠 머리가 굳었나 봅니다. 표현이 쉽게 안 외워집니다." "아이구..
이제 나이가 들면서 혀가 굳어서인지 아무리 노력해도 [f] 발음을 자꾸 실수하게 됩니다."
저는 지난 5년간 S모 기업의 임직원분들을 대상으로 주로 강의를 하면서 이와 같은 한탄의
목소리를 거의 매일 듣게 되었죠. 이렇게 제게 고민을 털어놓는 분들이 빠지지 않고 언급하
는 것은 바로 "나이 탓"입니다. 과연 외국어 습득에 있어서 "나이"가 어떤 영향을 미칠까요?

그동안 많은 언어학자는 '나이(age)'와 '언어 습득(language acquisition)'과의 관계에 대
한 연구를 해 왔으며 언어 습득에 있어서 생물학적인 결정적 시기(critical period)가 있다고
강력히 주장하는 학자들이 있었습니다. 대표적으로 미국의 신경 심리학자 에릭 레넨버그
(Eric Lenneberg)교수에 따르면 그 시기가 만 13세 이전까지라고 합니다. 그러나 다른 연구
자들의 실험 결과 사춘기 이후부터 외국어를 배우더라도 원어민과 가까운 수준을 구사하
는 경우가 종종 있으며, 결정적 시기가 언어 습득의 모든 면에서 영향을 미치는 것은 아니
라는 반론이 제기되어 왔습니다. "발음" 습득에는 나이가 어릴수록 유리할지는 모르지만,

그 외 언어의 다른 측면(어휘, 문법)에는 성인 학습자라 할지라도 동기부여(motivation), 정체성(identity), 환경(environment) 등의 요인에 따라 상당히 높은 수준의 외국어를 배우고 구사할 수 있다는 것이 최근에 학계에서의 정설입니다.

그러면 왜 나이가 많을 수록 외국어 습득이 어렵게 느껴지는 것일까요? 여러 가지 이유가 있겠지만 미국 조지타운 대학교의 앨리슨 멕키(Alison Mackey) 교수와 미네소타 대학의 캔덜 킹(Kendall King) 교수의 연구에 따르면 감정적 부담감(emotional pressure)이 가장 큰 요인이 될 수 있다고 합니다. 어린아이들의 경우 실수하는 것에 대해 별로 신경을 쓰지 않고 마음껏 언어를 사용하기 때문에 시행착오 과정을 겪으며 모국어든지 외국어든지 상관없이 빠르게 언어 습득이 이루어집니다. 이와 달리 사춘기에 접어든 중고등학생만 해도 주변 사람들을 많이 의식하여 외국어를 사용할 때 실수에 대한 두려움을 가지게 됩니다. 그래서 상대적으로 사용 빈도가 떨어지게 되며 결국 외국어 습득이 유아들보다 한참 더뎌질 수 밖에 없다는 것입니다.

특히 우리 한국인들은 영어 말하기를 할 때 남의 눈치를 많이 봅니다. 머릿속에 많은 단어가 있음에도 불구하고 남들 앞에서 입 밖으로 꺼내길 두려워하는 거죠. '내 딱딱한 발음으로 말해도 괜찮을까? 문법 실수는 범하지 않을까? 남들이 비웃지는 않을까? 그냥 가만히 있으면 중간이라고 가겠지!!' 하는 쓸데없는 고민 탓에 영어 회화 강의실에서조차 입을 딱 닫고 다른 사람 눈치를 살피는 경우가 많습니다. "실수=창피", "침묵=금"이라는 철칙을 깨지 않습니다. 일단은 실수를 하든 말든 말을 뱉어 보고 본인의 문제점을 전문가 혹은 자가 진단을 통해 조금씩 고쳐 나가면 되는데 이게 생각처럼 쉽지 않습니다. 이런 심리적 부담감을 극복한 성인 학습자들은 나이와 상관없이 영어가 빨리 느는 것을 저는 수 없이 많이 목격하였습니다. 영어와는 평생 담쌓고 지내셨던 40대 후반에서 50대 초반 사이의 S그룹 부장님들도 남을 신경 쓰지 않고 집에서나 강의실에서나 휴게실에서나 신나게 영어 말하기 연습을 하면, 한 달 혹은 두 달 안에 OPIc 영어 말하기 시험에서 최고 등급인 IH (Intermediate High)와 AL (Advanced Low)을 거뜬히 취득하십니다.

이런 면에서 AI 스피커가 여러분들에게 큰 도움이 될 것입니다. 남을 의식하지 않고 집에서 맘 편하게 영어로 대화할 수 있는 상대가 생기게 되기 때문입니다. 게다가 AI는 매우 "친절한" 대화 상대입니다. 여러분이 아무리 계속 말을 걸어도 지치지 않고 응답해 줍니다. 실수를 많이 해도 여러분이 결국 제대로 된 문장으로 말을 걸 때까지 그 자리에서 늘 기다려 주는 넓은 아량을 갖추고 있습니다. 이렇게 착한 영어 대화 파트너가 있을까요? 물론 거듭된 대화 시도에도 불과하고 발음 실수로 인해 여러분의 영어를 AI 스피커가 못 알아 듣는다면 엄청난 자괴감이 뒤따를 수 있습니다. "도대체 내 영어는 무엇이 문제인 것이야?" 그러나 걱정하지 마세요. Chapter 2에서 여러분이 AI 스피커를 사용하기 위해 반드시 익혀야 하는 필수 발음에 대해서 자세히 설명해 드릴 것입니다.

핵심 Point! 나이가 많다고 영어를 배우는 데 절대적으로 불리한 것은 아닙니다. 그보다도 "실수에 대한 부담감"이 우리를 가로막는 것입니다. 일단은 두려워 말고 짧은 단어와 문장이라도 입으로 뱉어 보는 습관을 들이는데 AI 스피커를 적극적으로 활용해 보십시오.

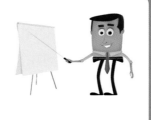

Artificial Intelligence

자녀들의 영어학습, 집에서 어떻게 해야 하는가?

연간 6조 460억 원! 이 많은 돈이 과연 어디에 쓰일까요? 바로 한국인들이 영어 사교육비로 1년간 지출하는 금액(2012년 기준)입니다. 이 중 4조 6천억 원은 유아 및 청소년 학생들의 영어 사교육비랍니다. 이만큼의 돈을 영어에 쏟아붓는데 과연 얼마만큼의 효과가 있을까요? 굳이 통계 수치를 뒤져 보지 않더라도 우리 주변을 살펴본다면 쉽게 답이 나옵니다. 특수 교육을 받는 몇몇 부유층의 자녀를 제외하고는 한국인들의 영어 실력은 투자한 것의 반의반만큼의 결과가 나오지 않고 있습니다. 특히 한국인의 영어 말하기 능력과 관련된 충격적인 결과가 있습니다. 2009년 미국교육평가원(ETS)에서 발표한 연구 결과에 따르면 한국인들의 평균 영어 말하기 능력 순위는 우간다, 소말리아, 르완다에 이어서 121위라고 합니다. 이는 현재 국내에서 이루어지고 있는 일반적인 공교육과 사교육만을 통해 실질적인 의사소통이 가능한 영어 실력을 배양하기 매우 어렵다는 결론이 납니다. 결국 영어를 잘하기 위해서는 교육 현장 밖에서도 아이들이 영어를 사용할 수 있는 기회가 있어야 하고 그러다 보니 집에서 이루어지는 영어 학습에 대한 관심을 많이 가지고 계실 겁니다.

모두 알고 계시겠지만 유아들의 경우 언어를 주로 문자가 아닌 "소리"로서 자연스레 일상 속에서 배우게 됩니다. 이와 관련해 학부모님들이 종종 잘못 판단하는 것이 한가지가 있습니다. 그것은 무조건 영어에 "많이" 노출 시키면 되지 않을까 하는 기대입니다. 집에서 유아에게 영어로 된 만화 영화나 TV 프로그램을 온종일 보여 줘도 영어 학습에 큰 효과가 없다는 것을 경험해 보신 분들이 있을 것입니다. 이런 영상 매체를 통한 특정 언어에 대한 노출만으로 유아들의 언어 습득에 큰 도움이 되지 않는다는 것이 실제 여러 실험 결과를 통해서 증명되었습니다. 왜 그런 것일까요? 미국의 언어학자 앨리슨 맥키(Alison Mackey) 교수와 캔덜 킹(Kendall King) 교수에 따르면 집에서 이루어지는 언어 활동이 학습으로써의 효과를 창출하기 위해선 3가지 원칙이 지켜져야 한다고 합니다. 그 언어 활동이 (1) 재미 있고(fun) (2) 상호적이고(interactive) (3) 의미 있는(meaningful)것이어야 한다는 것입니다. 단순히 만화 영화나 TV 프로그램을 보여 주기만 한다면 그 영상의 모습이 아이들에게 "재미(fun)" 있을 순 있어도 "상호적(interactive)"이거나 "의미 있는(meaningful)" 언어 활동을 끌어내지 않습니다. 영상 매체를 통해 제대로 된 외국어 학습 효과를 내기 위해서는 누군가

가 적극적으로 개입해서 중요한 장면을 멈추거나 리플레이를 해가며 내용을 정확히 이해했는지에 대한 질문을 하고 그 내용에 대해 아이디어를 서로 나눠야 합니다(King & Mackey, 2007). 하지만 바쁜 일상을 보내는 우리나라 대다수의 부모님들이 그렇게까지 자녀의 영어 교육을 위해 신경을 쓰기는 참 힘들지 않을까 싶습니다.

AI 스피커를 활용한 유아 영어학습 ▶

이런 점에서 AI 스피커는 아이들의 (1) 재미있고 (fun), (2) 상호적이고 (interactive), (3) 의미 있는 (meaningful) 영어 사용을 유도하는데 그 역할을 충분히 할 수 있을 것입니다. 이미 AI 스피커를 집에 오랫동안 사용 해보신 학부모님들에 경험을 말씀드리겠습니다. 아이들은 일단 로봇과 같은 상대와 영어로 대화를 할 수 있다는 것에 대해 큰 즐거움 (fun)을 느낀다고 합니다. 이 기기가 마치 말하는 장난감과 같아서 금방 친숙해지고, 또한 여러 친구들 앞에서 영어로 말해야 하는 영어 수업 시간과는 달리 실수에 대한 부담감이 없다 보니 편하게 대화를 주고받으며 상호적인(interactive)인 영어 사용도 가능해지는 것입니다. 더욱이 특정한 영어 문장을 통해 AI 스피커의 기능을 사용함으로써 의미 있는(meaningful) 언어 활동까지 하게 됩니다. 물론 아직 AI 스피커와 가능한 대화의 내용이 한정적이긴 하지만, 이러한 방식의 AI 스피커의 활용이 아이들이 영어로 말하는 것에 대해 친숙해지고 재미를 느끼는 데 있어서 많은 도움 줄 것이라고 확신합니다.

핵심 Point! 아이의 영어 학습이 집안에서 이루어지기 위해서는 무조건 많이 영어에 노출 시키는 것이 아니라 재미있고(fun), 상호적이고(interactive), 의미 있는(meaningful) 언어 활동이 필수적입니다. 이를 위해 AI 스피커를 적극적으로 활용해 보십시오.

06

Artificial Intelligence

Amazon Echo VS Google Home

이미 작년부터 강남 지역의 많은 어머니께서 자녀들이 집안에서 영어를 쓸 수 있도록 방마다 AI 스피커를 구비 해 놓는다는 소문이 있었습니다. 그 소문의 주인공은 물론 미국 제품인 Google Home과 Amazon Echo이었습니다. 이 두 제품이 주목받을 수 있었던 이유는 여러 영어 문장을 사용할 수 있는 수많은 기능이 탑재되어 있기 때문입니다. 더군다나 나날이 업데이트되는 이 두 AI 스피커의 음성 명령어로 인해 이제는 이 기기들과 심지어 농담까지 즐길 수 있게 되었습니다. (Did you fart? 〈네가 방귀 끼였냐?〉 라고 한번 물어봐 주세요.) Amazon Echo의 경우 처음 출시되었을 때 사용 가능한 명령어가 1,000개 정도였는데 지금은 무려 25,000개가 넘습니다. 두 제품의 특징을 비교 대조해 보겠습니다.

Amazone Echo ▶

Amazon Echo 시리즈

그동안 AI 스피커 시장을 선도한 제품은 단연 Amazon Echo 시리즈라고 할 수 있습니다. 2014년 처음으로 출시되었으며 Alexa(알렉사)라는 이름의 음성 인식 시스템을 통해 날씨, 뉴스, 교통, 주식 등의 정보를 제공합니다.

스트리밍 음원을 재생할 수 있으며 블루투스 스피커로도 사용 가능합니다. 각종 스마트홈 가전제품들과 연동을 할 수 있어 음성 명령어만으로도 조명, TV, 실내 온도의 제어가 가능합니다. Amazon Echo의 사용이 보편화 되어 있는 미국 내에서는 피자 주문(피자헛, 도미노 피자)뿐만 아니라 음성 쇼핑 (Voice Shopping)까지도 가능한 상태입니다. 심지어 스타벅스의 커피를 미리 주문할 수도 있습니다. 더군다나 타사의 제품보다 일찍 출시된 만큼 사용 가능한 음성 명령어(Alexa Skills)가 가장 많고, 아이들을 위한 게임 프로그램도 좀 더 다양하게 개발되어 있습니다.

단 Echo 시리즈 제품을 만드는 아마존은 국내 서비스를 전혀 제공하지 않기 때문에 해외 직구만이 가능하다는 것은 물론이고 스피커를 설치하는 기본 앱조차 쉽게 구할 수 없다는 큰 단점이 있습니다. 국내 사용자들은 주로 VPN 우회접속을 통해 앱을 구하고 있습니다. 더군다나 날씨/시간이 모두 미국 기준으로 맞추어져 있어서 국내의 관련 정보를 얻고자 할 때 약간의 불편함이 있습니다. 예를 들어 날씨를 물어볼 때 "How is the weather?"라고 만 물어보면 미국 날씨 정보를 말해 줍니다. 국내 날씨 상황을 알고 싶다면 "…in Seoul"이라는 말을 꼭 덧붙여야 합니다.

2014년 출시된 최초 모델인 Echo ($79. 99)를 비롯하여 2017년 출시된 2세대 모델 Echo 〈2nd Generation〉 ($99. 99)을 구매하실 수 있습니다. 기본 스피커로서 음질은 다소 떨어지지만 저렴하게 구매할 수 있는 보급형 모델인 Echo Dot($49. 99)과 7인치 터치 스크린이 달려 영상 통화와 비디오 시청이 가능한 Echo Show($229. 99) 등의 제품도 출시되었습니다. 음악 감상이 아니라 어학을 주된 목적으로 하신다면 가장 저렴한 Echo Dot을 추천해 드립니다.

Google Home

2016년 구글의 AI 플랫폼인 Google Assistant와 함께 이를 활용할 수 있는 음성인식 인공지능 스피커로서 출시되었습니다. Amazon Echo와 마찬가지로 날씨, 뉴스 등의 정보를 제공 받을 수 있으며 스마트 홈 기기의 제어가 가능합니다. Google Home의 가장 큰 매력포인트는 국내에도 사용자가 많은 구글(Google) 계정과 연계되어 작동하므로 구글의 친숙한 여러 서비스와 통합하여 이용할 수 있다는 점입니다. 게다가 AI 스피커의 핵심 기능이라고 할 수 있는 "웹 정보 검색"을 할 때 구글 검색엔진과 연동되어 정보 검색력이 다른 제품에 비해 뛰어난 편입니다.

단점을 꼽자면 Google Home의 기본 시스템인 Google Assistant를 사용하기 위해서는 안드로이드 6. 0 마시멜로/iOS 9. 1 이상 운영체제를 가진 스마트폰이나 태블릿과 연결해야 합니다. 그렇지 않으면 일부 기능이 제한될 수 있습니다. 국내 위치 기반 설정이 가능하여 국내의 날씨/시간 정보를 쉽고 정확하고 얻을 수 있습니다.

2017년 아마존의 보급형 AI 스피커 Echo Dot의 대항마로 내놓은 Google Home-Mini($49)라는 제품은 기능 면에서 Google Home과 차이가 없으며 스피커 음질은 Echo Dot보다 우수하다는 평이 많습니다. 영어 공부를 목적으로 구매하고 싶다면 저렴한 Google Home-Mini만으로도 충분해 보입니다.

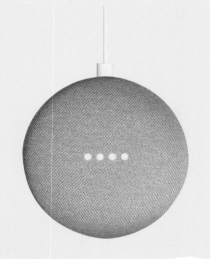

Google Home 기본모델 ▶

	Amazon Echo	**Google Home**
기본 호출어	Alexa (다른 이름으로 변경 가능)	Hey Google/OK Google
명령어(언어)	영어, 독일어, 일어	영어, 독어, 불어, 일본어, 한국어, 스페인, 이탈리아어
번역 가능한 언어	총 36개	총 22개
가격	기본모델 : $99. 99 〈2세대〉 Echo Dot : $49. 99 〈2세대〉	기본모델 : $129 Google Home-Mini : $49
지원 미디어	Amazon Music, Spotify, Pandora, Tune In, iHeart	Google Music, YouTube Red, Spotify, Pandora, Turn in, iHearn Radio
장점	블루투스 IN/OUT 지원 다양한 명령어(Skills)와 기능 스마트 홈 기기와의 연동성	구글 계정과의 연계 우수한 웹 정보 검색 국내 위치 기반 설정 가능 (국내를 기준으로 날씨/시간 정보 제공—부산, 인천, 대구, 광주 날씨도 확인 가능)
단점	국내 위치 기반 설정 불가능 (날씨/시간을 미국 기준으로 알려 줌) 앱을 미국 계정 Play Store에서 다운 가능	블루투스 스피커 IN 만 지원 호출어 "Hey/OK Google" 변경 불가능

위대한 희망은 위대한 인물을 만든다.

- T. 풀러 〈장언집〉 -

Artificial Intelligence

Google Home Mini 설치 방법

저렴하고 국내 사용자들에게 친숙한 구글 계정과 연동하여 다양한 기능을 사용할 수 있는 Google Home Mini의 설치 방법에 대해서 알려 드립니다. 참고로 Google Home Mini는 Google Home보다 음질이 약간 떨어질 뿐 기능적인 면에서의 차이는 없습니다.

사양

- 크기/무게 : 9. 8×4. 2 cm/176g

- 스피커 : 360 sound/40mm 드라이브

- 통신 : 와이파이, 블루투스

- 마이크 : 원거리 음성 인식 마이크

- 포트 : 마이크로 USB

- 운영체계 : 안드로이드 6. 0 마시멜로/iOS 9. 1 이상

◈ 구매 방법

국내의 인터넷 쇼핑 사이트인 지마켓, 옥션 등을 통해서도 손쉽게 구매할 수 있습니다. 제품의 색은 Charcoal (흑색)/Chalk Grey (회색)/Coral (적색) 중 선택할 수 있습니다. 필자는 때가 덜 타는 Charcoal(흑색)을 사용하지만, 톡톡 튀는 Coral(적색)을 선호하는 분들이 많습니다.

◈ 포장 상자 안 내용물

Goog Home-Mini, 매뉴얼, USB전원 케이블

- 해외 직구를 원하신다면 전원 어댑터는 110V용이니 220V와 연결할 수 있는 콘센트 (돼지코 모양)를 따로 구매해야 합니다.

- Google Home Mini를 휴대하며 사 용하고 싶다면 휴대용 보조 배터리와 연결하여 사용하세요. Google Home 의 경우 휴대가 가능하도록 나온 전 용 배터리 (Battery Base)가 별도로 판 매 중입니다.

◈ LED 등

스피커 중앙에 4개의 LED 등이 작동 상태를 알려 줍니다. 전원을 켜면 4가지 색(청색, 적색, 황색, 녹색)의 등이 표시되다가 백색으로 바뀝니다. 그 이후에 "Hey Google" 등의 호 출어를 말하면 4개의 백색 등이 표시되면서 사용자에게 명령어(voice commands)를 입력 하라는 신호를 보냅니다.

◈ 마이크 ON/OFF 버튼

마이크로 USB 연결 부위 왼쪽에 마이크 ON/OFF 버튼이 있습니다. 음성 명령을 중단하고 싶으면 OFF로 하세요.

◈ 터치 제어

(1) LED 등 좌우를 터치하여 음량 조절을 할 수 있습니다.

(2) LED 등 좌우를 터치하여 알람이나 타이머 소리를 멈춥니다.

(3) LED 등 좌우를 길게 터치하면 음악, 라디오 등의 재생을 멈춥니다.
　　이후 길게 터치하면 다시 재생됩니다.

◈ 설치 방법

① 전원 연결을 하세요.

② 스마트폰, 태블릿의 "Play 스토어"나 "App Store"를 통해 Google Home 앱을 설치합니다.

③ 앱에 접속 후 "Google Home"에 오신것을 환영합니다.(Welcome to Google Home)"란 문구가 있는 화면에서 오른쪽 아래의 "시작하기(GET STARTED)"를 누릅니다.

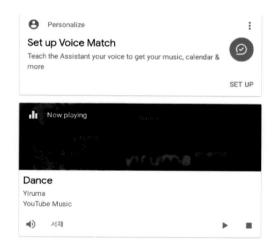

④ 연결할 구글 계정을 선택하고 오른쪽 하단의 "확인"을 누릅니다.

⑤ 다음 화면 오른쪽 위에 "기기(Devices)"를 나타내는 아이콘을 누르면 Google Home Mini가 새로 설치할 기기로 화면에 나옵니다. 이때 "설치(SET UP)"를 누르세요. 오른쪽 아래의 "다음(NEXT)"을 누르면 기기와 앱이 연결됩니다.

⑥ "이 기기는 어디에 있나요? (Where is the device?)" 라는 문구가 뜨면 기기를 위치시킬 장소를 선택하세요. 거실(living room), 침실(Bedroom), 복도(Hallway) 등을 고를 수 있습니다.

⑦ 와이파이와 연결 (Connect to Wi-Fi)을 합니다.

⑧ "Google 어시스턴트 설정 (Set up Google Assistant)"화면이 뜹니다. "다음(NEXT)"을 누르고 "음악 서비스 추가", "업데이트 이메일 구독" 등의 화면을 넘기십시오.

⑨ "이제 _____를 사용할 수 있음 (_____ Speaker is ready)"이란 문구의 화면을 넘기면 설치가 끝난 것입니다.

> **"**
>
> 우리의 어제와 오늘은 우리가 쌓아 올리는 벽돌이다.
>
> - 롱펠로우 〈건축가〉 -

Google Home Mini 앱 설정하기

Google Home Mini를 여러분의 편의에 맞게 사용하기 위해서는 Google Home 앱의 여러 옵션을 잘 설정을 해야 합니다. 무엇보다도 먼저 Google Home 앱에서 '설정 더보기 → 환경설정 → 어시스턴트 언어'로 들어가 지원 언어 목록에서 "영어"로 바꿔주십시오.

아래의 내용은 휴대폰의 기본 언어가 영어로 설정 되어있을 때 볼 수 있는 메뉴 아이콘입니다.

언어	
◉	없음
○	Deutsch (Deutschland)
○	Français (Canada)
○	Français (France)
○	日本語 （日本）
○	Italiano (Italia)
○	Español (España)
○	Español (México)
○	Español (EE.UU.)
○	Deutsch (Österreich)
○	한국어 (대한민국)

(1) Cast screen/audio [화면/오디오 전송]

Cast screen/audio 버튼을 누르면 구글의 제품인 크롬캐스트 (Chromecast)가 설치된 TV나 스피커로 미러링을 할 수 있습니다. TV와 같이 연동하여 사용하는 방법은 Chapter 4의 Unit 19〈동영상/미국 드라마-영화〉(P. 225)의 내용을 참고하십시오.

(2) Things to ask [탐색]

Google Home Mini의 주요 명령어(voice commands)를 소개해 줍니다.

(3) Music [음악]

기기와 연결할 기본 음악 서비스를 설정할 수 있습니다. Google Play Music의 경우 구글 계정이 있으면 무료로 50,000곡까지 본인이 보유한 음원을 올리고 감상할 수 있으나 아직 국내에서 정식 서비스를 지원하지 않아 VPN 우회를 통해서 사용할 수 있습니다. YouTube 서비스의 경우 월 7900원을 내고 YouTube Red에 가입하여 기기와 연동시키면 스트리밍 음악을 무제한으로 사용할 수 있습니다. 또한 TV가 크롬캐스트(Chromecast)와 연결되어 있다면 YouTube의 음악이나 동영상을 Google Home의 음성 명령어로 제어하며 감상할 수 있습니다. YouTube Red의 서비스를 한 달간 무료 체험을 해 볼 수 있으니 꼭 한번 사용해 보십시오. [Chapter 4의 Unit 19〈동영상/미국 드라마-영화〉(P.225)의 내용 참고]

(4) Home Control [Home 기기 제어]

Google Home Mini와 연동된 기기의 별칭(Nickname)과 위치(Room)를 설정합니다.

(5) Shopping List [쇼핑 목록]

명령어를 통해 입력한 쇼핑 목록을 확인하고 다른 Gmail 사용자와 공유할 수 있습니다. [Chapter 4의 Unit 11〈쇼핑 목록〉(P.179)을 참고]

(6) My Activity [내 활동]

Google Home Mini에게 말한 모든 문장이 어떻게 발음되었는지 또한 그것에 대해 Google Home이 어떻게 대답을 하였는지가 문자로서 전부 기록되어 있습니다. 여러분이 기기에 말한 음성이 그대로 녹음되어 있으며 우측의 "Play" 버튼을 누르면 청취가 가능합니다. (본인의 발음이 정확했는지 체크할 때 활용하십시오.)

(7) More Settings [설정 더보기]

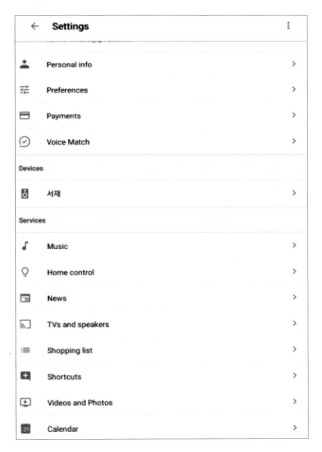

Account

▷Personal info [개인정보]

- Home and Work Locations : 집과 직장의 주소를 입력합니다.

  [직장까지의 통근 정보를 확인할 때 사용]

- Nickname : Google Home이 불러 주는 '나의 이름'을 설정합니다.

▷Preferences [환경설정]

- Weather : 날씨 정보에서 온도의 단위를 선택할 수 있습니다. 우리에게 친숙한 섭씨
  (Celsius)를 고르세요.

- Assistant Voice : 여성/남성 목소리 중 선택합니다.

- Getting Around : 집에서 직장이나 다른 특정 장소까지의 주로 이동하는 방법을 선택
  합니다. [교통 정보 제공을 위해 사용]

▷Payments [결제]

- 결제 수단을 선택합니다.

▷Voice Match [보이스 매치]

- Google Home Mini 기기 한 개에 가족 구성원 여러 명의 계정을 연결하고 각기 다르
  게 사용할 수 있도록 목소리를 녹음합니다. Voice Match를 통해 목소리에 따라 구성
  원 각자의 달력(Google Calendar), 리마인더(Reminder), 미디어 서비스 등을 구별해
  서 사용할 수 있도록 해줍니다.

  ∨ Teach your Assistant your voice – 본인 목소리 녹음하기

  ∨ Invite others who use your devices – 다른 가족 구성원의 목소리 녹음하기

∨ Add Device Address – 사용하는 기기가 있는 장소의 정확한 주소 입력

∨ Personal Results – 달력, 항공편 등의 개인정보를 기기가 말할 수 있는지 허용 여부

∨ Notifications – 리마인더(reminder) 등의 통지되는 정보를 받을지 여부

∨ YouTube Restricted Mode – YouTube의 미성년자 부적합 콘텐츠 차단 여부

∨ Assistant Language – 기기에 입력하는 음성 언어를 선택

▷Home Control [홈 컨트롤]

- Google Home Mini와 연동된 기기의 별칭(Nickname)과 위치(Room)를 설정합니다.

▷News [뉴스]

- "Listen to the news."라고 말했는데 재생될 뉴스의 리스트를 보여 줍니다. "Add News Sources"를 누르면 새로운 뉴스를 추가 할 수 있습니다. (국내 소식을 영어로 듣고 싶다면 "Arirang News"를 추가하세요.)

▷My Day [나의 하루]

- "Tell me about my day."라는 명령어를 말했을 때 Google Home Mini가 알려 줄 정보를 설정합니다. (1)날씨, (2)통근 정보, (3)달력(Google Calendar)에 입력된 스케줄, (4)리마인더, (5)최신 뉴스를 선택할 수 있습니다.

▷TVs and Speakers [TV 및 스피커]

- 크롬캐스트(Chromecast)를 통해 기기와 연결된 TV나 스피커를 표시해 줍니다.

▷Shopping List [쇼핑 목록]

- 명령어를 통해 입력한 쇼핑 목록을 확인하고 다른 Gmail 사용자와 공유할 수 있습니다. [Chapter 4의 Unit 11〈쇼핑 목록〉(P. 179)을 참고]

▷Shortcuts [바로가기]

- 특정 기능의 명령어를 여러분이 원하는 대로 바꿀 수 있습니다. 오른쪽 아래의 파란색 원형의 버튼을 누르고 "When I say. -." 라고 적혀 있는 칸에는 <u>여러분이 사용하고 싶은 명령어를 입력하고</u>, 그 밑에 "Google Assistant should do"라고 적혀 칸에는 <u>원래 말해야 할 명령어를 입력하세요</u>. 이렇게 입력하면 "Play smooth jazz music on YouTube."란 긴 명령어 대신에 "Jazz time."이라고 줄여 간단히 명령할 수 있습니다. 이 기능을 통해 Google Home을 매우 편리하게 사용할 수 있습니다.

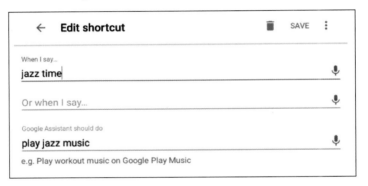

▷Videos and Photos [비디오와 사진]

- 기기와 연동된 영화-드라마 스트리밍 서비스(Ex〉넷플릭스)와 연결합니다. 또한 Google Photo의 사진을 크롬캐스트를 통해 TV로 감상할 수 있도록 합니다. [Chapter 4의 Unit 19〈동영상/미국 드라마-영화〉(P. 225)의 내용 참고]

▷Calendar [달력]

- 기기와 연결하여 사용할 구글 캘린더의 계정을 선택합니다.

(8) Devices [기기]

- Google Home 앱과 연결된 기기가 어떻게 작동되고 있는지 보여 줍니다.

(9) Account Preferences [계정 환경설정]

- 계정 설정과 함께 와이파이, 위치정보를 삭제합니다.

(10) Offers

(11) How to Cast

- 크롬캐스트(Chromcast)의 사용법을 알려줍니다.

(12) Google Store [구글 스토어]

- 구글 스토어와 연결합니다.

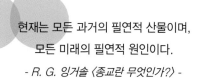

현재는 모든 과거의 필연적 산물이며,
모든 미래의 필연적 원인이다.
- R. G. 잉거솔 《종교란 무엇인가?》 -

Artificial Intelligence

Google Home 기본 명령어

▶ 호출어

Google Home의 모든 명령어 (voice commands)는 아래의 호출 어를 먼저 말한 뒤 약 8초 안에 이어서 말해야 합니다.

▷ **"OK Google" / "Hey Google"**
- 가장 많이 알려진 호출어 입니다.

▷ **"OK Boo Boo / "Hey Boo Boo" / "OK Goo Goo / "Hey Goo Goo"**
- 잘 알려지지는 않지만 발음하기 더 쉬운 호출어입니다. 가끔 한국인 사용자들의 "OK Google"이 인식되지 않는 경우가 있습니다. [l] 발음을 제대로 못해서입니다. 그럴 때는 위의 명령어를 써 보십시오.

▶ 음량 조절

음량은 1~10단계로 조절할 수 있습니다. LED 등 좌우를 터치하여 제어할 수도 있지만 아래의 음성 명령어로 사용해 보십시오.

▷ **음량 올리기**

"Turn it up."

"Volume up."

"Turn up the volume."

▷ **음량 낮추기**

"Turn it down."

"Turn up the volume."

"Volume down."

▷ **특정 음량으로 맞추기**

"Volume level 8."/"Set volume to 8." [1부터 10까지 조절 가능]

"Volume 80 percent."/"Set volume to 80 Percent." [1부터 100까지 조절 가능]

▶ **재생/정지/재개**

▷ **재생**

"Play 〈CNN News〉." [음악, 라디오, 팟캐스트, 동영상, 영화, 드라마 등]

"Listen to 〈CNN News〉." [음악, 라디오, 팟캐스트]

"Watch 〈CNN News〉 on my TV." [동영상, 영화, 드라마]

"Read 〈Beauty and the Beast〉." [오디오 북]

▷ **정지/취소**

"Stop."　"Cancel."　"Shut up."

▷ **일시 정지**

"Pause."

▷ **재개**

"Resume."　"Continue Playing."

★제안문/요청문 연습하기

- 물론 Google Home의 기능을 빠르고 간단하게 사용하기 위해선 위의 명령어를 그대로 사용하는 것이 최선입니다. 하지만 기초 영어 문장 패턴을 연습하는 차원에서 '제안문'과 '요청문'으로 바꿔 말하고 싶다면 명령어 앞에 아래의 표현을 덧붙이시면 됩니다.

(1) Can you (please) ~ ?
    Could you (please) ~ ?

(2) Will you (please) ~ ?
    Would you (please) ~?

(3) I want you to ~ .
    I would like to you to ~ .

Ex) Play ⟨CNN News⟩. =   Can you play ⟨CNN News⟩?

                                Could you play ⟨CNN News⟩?

                                Could you please play ⟨CNN News⟩?

                                Will you play ⟨CNN News⟩?

                                Would you play ⟨CNN News⟩?

                                Would you please play ⟨CNN News⟩?

                                I want you to play ⟨CNN News⟩?

                                I would like you to play ⟨CNN News⟩?

▶ 그 밖의 명령어

- "Repeat."

TIP 매우 중요한 명령어입니다. Google Home의 답변을 이해하지 못하셨다면 다시 말해 달라고 요청할 때 사용하는 표현입니다. 발음을 주의하셔야 합니다. [리핏]이라고 발음하면 안 됩니다. [ripi : t = 뤼피[이]읕]이라고 [r] 발음과 함께 2음절의 장모음을 잘 살려서 발음해야 합니다. 발음과 관련된 자세한 방법은 〈Chapter 2. AI 영어 회화 필수 발음 10가지 공식을〉 참고하셔야 합니다.

- "Repeat slowly."

TIP Google Home의 답변을 천천히 다시 듣고 싶을 때 사용하는 명령어입니다. 특히 영어 초보자라면 이 문장을 꼭 입에 익히십시오.

66

무슨 일이든 끝나버리기 전에는
불가능하다고 생각하지 마라.
- *키케로 〈쿠스쿨라나루스 논총〉* -

CHAPTER

2

"과연 내 콩글리시 영어 발음을 AI가 알아듣기나 할까?"라고 걱정하실지도 모르겠습니다. But! 제가 약 3개월간 Google Home과 Amazon Echo를 대상으로 영어 음성 인식 기능에 대한 수백 차례의 임상실험을 해본 결과 알게 된 것은 미국식 버터 발음을 전혀 하지 않아도 10가지 기본 영어 발음 규칙만 충실하게 지킨다면 초보자도 큰 어려움 없이 AI 스피커를 사용할 수 있다는 것입니다. 이 10가지 규칙만 지킨다면 심지어는 인도식 영어 엑센트 (ex) 위찌 껀뜨리 두유 껌 프롬? = Which country do you come from?)로도 AI 스피커와 대화를 할 수 있습니다. Chapter 2에서는 그 10가지 기본 영어 발음을 우리말의 발음과 비교를 통하여 쉽고 정확하게 이해하고 연습을 할 수 있도록 안내해 드립니다. 또한 Google Home의 음성 인식 기능을 활용해 그 발음들을 확실하게 연습하는 비법도 공개합니다.

Chapter 5

AI 스피커와 Fun Time!

Chapter 3

미국식 버터 발음 단기 완성
4가지 공식

Chapter 1

AI 스피커 활용
완벽 준비

Chapter 4

AI와 24시간 영어 회화
- 24가지 활용법

CHAPTER 2

AI 영어 회화 필수 발음
10가지 공식

Artificial Intelligence

[f] vs [p] 발음 [face / pace]

 나의 발음 테스트해 보기

"Hey Google. What is four plus four?"

구글, 4 더하기 4는 얼마지?

위의 문장을 정확히 발음할 경우 **Google Home의 답변**

▶ "The answer is eight."

정답은 8 입니다.

[f]발음 : 한국인들은 [f]를 [p]와 많이 혼동합니다. [f]발음은 윗니를 아랫입술에 뒤 쪽에 살짝 물었다가 치아 사이로 '후'하고 바람 빠져나가는 소리를 만들면 됩니다. 'ph' 역시 [f]로 발음하셔야 합니다.

[p]발음 : [p]발음은 윗입술과 아랫입술이 닿았다가 떨어져 나갈 때 나는 소리입니다. 우리말의 "ㅍ'과 유사하지만, 사실은 조금 더 강하게 입술을 모았다가 "꽉" 터트리면 더 정확하게 소리를 낼 수 있습니다.

face [f해이쓰] / pace [패이쓰]　　fat [f햇] / pat [팻]　fashion [f해션] / passion [패션]
얼굴　　　　　　속도　　　　　　지방　　두드리다　　서류철　　　　　　열정

fan [f핸] / pan [팬]　　phone [f호은] / pone [포은]　phony [f호으니] / pony [포으니]
부채　　　접시　　　전화　　　옥수수빵　　　가짜의　　　　　조랑말

TIP　위의 단어들을 정확히 발음할 수 있는지 확인해 보기 위해서는 Google Home에게 "Hey Google. Spell ___."라고 말을 걸어 보십시오. 예를 들어 "Hey Google. Spell 〈face〉." (〈face〉란 단어의 스펠링을 말해 줘.)라는 문장의 [f]발음을 정확히 한다면 "Face is spelled F - A - C - E."라고 대답합니다. 만약 실수로 [f]대신 [p]로 발음한다면 "Pace is spelled P - A - C - E."라고 대답하겠죠? 내 영어 발음의 정확성을 테스트할 수 있는 매우 유용한 기능이니 꼭 시도해 보십시오!

(1) **"Hey Google. What is your phone number?"**

[f호은]

구글. 네 전화번호는 뭐야?

> 위의 문장을 정확히 발음할 경우 **Google Home**의 **답변**
>
> 🔊 "Have your people call my people. You can reach Google Headquarters at 1-650-253-0000."

(2) **"Hey Google. What is a pony?"**

[포으니]

구글. 조랑말이 뭐야?

> 위의 문장을 정확히 발음할 경우 **Google Home**의 **답변**
>
> 🔊 "Pony. A horse of a small breed, especially one whose height at the withers is below 14 hands 2 inches (58 inches)."

(3) **"Hey Google. Tell me a fun fact."**

[f훤]   [f핵트]

구글. 재미있는 사실을 하나 알려 줘.

> 위의 문장을 정확히 발음할 경우 **Google Home**의 **답변**
>
> 🔊 "According to the New York Times, the oldest playable flute ever discovered was found in China, and is 9, 000 years old."

(4) **"Hey Google. Which do you prefer, dogs or cats?"**

[프리f훼]

구글. 너는 강아지와 고양이 중에서 어떤 동물을 더 좋아해?

> 위의 문장을 정확히 발음할 경우 **Google Home의 답변**
>
> 🔊 "Dogs are the more popular search term. So cats are the underdog."

(5) **"Hey Google. Tell me famous fantasy books?"**

[f해이모우쓰] [f핸터씨]

구글. 유명한 판타지 소설을 알려줘?

> 위의 문장을 정확히 발음할 경우 **Google Home의 답변**
>
> 🔊 "Books frequently mentioned on the web include : The Lord of the Rings, A Game of Thrones, The Name of the Wind, and others."

[θ] vs [ð] vs [s] 발음 [thick / this / sick]

🔅 나의 발음 테스트해 보기

"Hey Google. Tell me the GDP growth rate of South Korea."

구글. 남한의 GDP 성장률을 알려 줘.

위의 문장을 정확히 발음할 경우 **Google Home의 답변**

▶ **"The GDP growth rate of South Korea was 2. 8 percent annual change in 2016."**

남한의 2016년 GDP 성장률은 2. 8 퍼센트였습니다.

[θ]발음 : 한국인들이 가장 많이 실수하는 자음은 소위 "번데기" 발음이라고 불리는 [θ]발음 입니다. 우리말에 없는 자음이다 보니 자꾸 [s]발음과 혼동합니다. 그러다 보니 OPIc 이나 토익스피킹 같은 영어 말하기 시험에 응시하는 많은 한국인이 [θ]발음을 제대로 하지 못하여 감점을 당합니다. OPIc을 준비하는 일부 학생들은 아예 [θ]발음 없는 단어만 모아 모범 답안을 만들어 시험을 준비하기도 합니다. 그러나 익숙하지 않은 발음이라는 이유로 자꾸 피해 갈 생각만 하지 마시고 이 기회에 확실하게 익혀 두시길 바랍니다. 보통 스펠링 'th'가 있으면 [θ]발음입니다. 윗니와 아랫니 사이에 혀끝을 살짝 물었다가 공기가 밖으로 새어 나가는 소리를 내면 됩니다. 이 발음은 무성음이라 목젖이 떨리면 안 됩니다! 손가락 을 목젖 위에 올려놓고 울림이 있는지 확인해 보십시오.

[ð]발음 : the, this, that 등의 단어는 [ð]발음하셔야 하는데 우리말의 'ㄷ'발음에 가깝습니다. 하지만 아주 정확히 발음하기 위해선 'ㄷ'발음할 때 보다 혀끝을 조금만 더 앞으로 내 미셔야 합니다. [θ]발음과 마찬가지로 혀를 윗니와 아랫니 넣었다가 빼면서 소리를 내야 합니다. 단 [θ]발음과는 다르게 유성음이기 때문에 목젖이 떨려야 함을 잊지 마세요.

[s]발음 : 마지막으로 [s]발음은 우리말의 'ㅅ'발음과 유사하나 조금만 더 강하게 'ㅆ'과 가깝게 발음합니다. 's'가 단어 맨 앞에 위치한다면 '쓰'를 짧게 발음하면서 시작하면 가 장 정확한 발음이 가능합니다. 예를 들어 singer란 단어는 [싱어]가 [쓰잉어]라고 발음하 셔야겠죠?

think [θ잉크] / **sink** [쓰잉크]   **thick** [θ익] / **sick** [쓰익]
생각하다   가라앉다   두꺼운   병든

growth [그로으θ] / **gross** [그로으쓰]
성장   총량의

earth [얼θ]　　　/　　us [어쓰]　　　　they [ð애이]　　/　　say [쓰에이]
　지구　　　　　　　　　우리를　　　　　　그들이　　　　　　말하다

southern[쓰어ð언]　/　sudden [쓰어든]
　남쪽의　　　　　　　　갑작스러운

TIP

　　위의 단어들을 정확히 발음할 수 있는지 확인해 보기 위해서는 Google Home에게 "Hey Google. Spell ＿＿."이라고 말을 걸어 보십시오. 예를 들어 "Hey Google. Spell 〈think〉." (〈think〉란 단어의 스펠링을 말해 줘.)라는 문장의 [θ]발음을 정확히 한다면 "Think is spelled T - H - I - K."라고 대답합니다. 만약 실수로 [θ]대신 [s]로 발음한다면 "Sink is spelled S - I - N - K."라고 대답하겠죠? 내 영어 발음의 정확성을 테스트할 수 있는 매우 유용한 기능이니 꼭 시도해 보십시오.

❝

작은 일에 충실한 것이야말로 위대하고
영웅적인 미덕이다.
- 〈보나뷰차〉 -

MEMO

(1) **"Hey Google. I am very sick."**

[쓰익]

구글. 나 몸이 많이 아파.

> 위의 문장을 정확히 발음할 경우 **Google Home의 답변**
>
> 🔊 "I'm sorry. I hope you get well soon."

(2) **"Hey Google. How big is the earth?"**

[ð얼θ]

구글. 지구를 보호할 방법을 알려 줘.

> 위의 문장을 정확히 발음할 경우 **Google Home의 답변**
>
> 🔊 "Earth has a radius of 6, 371 kilometers."

(3) **"Hey Google. How many people are in Southern California?"**

[쓰어ð언]

구글. 남부 캘리포니아에는 얼마나 많은 사람이 있지?

> 위의 문장을 정확히 발음할 경우 **Google Home의 답변**
>
> 🔊 "Its population was 23, 800, 499 as of 2016."

(4) **"Hey Google. Do you know the birth rate of South Korea?"**

[벌θ]　　　[쓰아우θ]

구글. 남한의 출생률이 어떻게 되지?

> 위의 문장을 정확히 발음할 경우 **Google Home의 답변**
>
> ◀)) "The fertility rate in South Korea was 1. 24 births per woman in 2015."

(5) **"Hey Google. What is thirty three minus thirteen?"**

[θ얼티][θ으리][마이너스][θ얼티인]

구글. 33 빼기 13인 얼마이지?

> 위의 문장을 정확히 발음할 경우 **Google Home의 답변**
>
> ◀)) "The answer is 20."

03

Artificial Intelligence

[r] vs [l] 발음 [rice / lice]

🔅 나의 발음 테스트해 보기

"Hey Google. Is it raining in London?"

구글. 런던에는 비가 내리고 있어?

위의 문장을 정확히 발음할 경우 **Google Home의 답변**

▶ **"No. It's not raining in London right now. It's 7 degrees and mostly cloudy."**

아니요. 지금 런던에는 지금 비가 내리지 않습니다. 영상 7도이며 구름에 껴 있습

니다.

※여러분이 발음하기 가장 힘들어하는 영어 자음이 바로 [r] 발음입니다. 유사한 발음인 [l]과 혼동하기 쉽습니다. 한국인들의 귀에는 [r], [l] 둘 다 'ㄹ' 발음처럼 들릴 수 있지만, 엄밀히 따지면 3개의 자음이 전부 다른 소리입니다.

[r]발음 : [r]발음을 하기 위해서는 일단 입 모양이 중요합니다. '우' 소리를 낼 때처럼 입술이 튀어나와야 합니다. 그 상태에서 혀를 목구멍 뒤쪽으로 말되 입천장에 닿지 않은 상태에서 내는 소리입니다. [r]이 단어 앞쪽에 위치할 때는 쉽게 발음하는 요령이 있습니다. 바로 우리말 '우' 소리를 살짝 섞어서 발음하는 것입니다. 예를 들어 read를 [리드]가 아닌 [(우)뤼드] right는 [라이트]가 아닌 [(우)롸잇]이라고 발음해 보십시오. '우'소리를 내려고 하려다 보면 자연스럽게 혀가 뒤로 말리기 때문에 이 방법을 쓰시면 쉽게 [r]발음을 할 수 있습니다. 요즘 유행하고 있는 영어 발음 중 Great은 "그래잇"이 아니라 "그(우)뢰잇"이라고 발음해야겠죠?

wrong [(우)뤙]   /   long [(을)렁]   rice [(우)롸이쓰] / lice [(을)라이쓰]
    틀린   긴   쌀   이, 기생충(복수형)

race [(우)뢰이쓰] / lace [(을)래이쓰]
    경주   장식끈

[l]발음 : [l]발음을 하기 위해선 먼저 혀로 '윗니 안쪽'과 '입천장'을 느껴 보십시오. 그곳에 혀끝이 살짝 닿은 상태에서 나는 소리입니다. [l]발음은 음절 앞(초성) 오느냐 뒤(종성)에 오느냐에 따라 발음하는 방법이 확연히 달라지는데 여기서는 일단 앞에 오는 경우(초성-prevocalic)를 설명해 드립니다. [l]발음 역시 쉽게 정확히 발음하는 요령이 있습니다. 우리말의 '을' 발음을 살짝 섞어서 발음해 보십시오. 예를 들어 lead는 [리드]가 아닌 [(을)리드] light는 [라이트]가 아닌 [(을)라이트]라고 발음해 보십시오.

rubber [(우)뤄버] / lubber [(을)러버]　　right [(우)롸잍] / light [(을)라잍]
　　고무　　　　　　　둔한 사람　　　　　　오른쪽　　　　　　　빛

rub [(우)뤕] / love [(을)럽]
문지르다　　　사랑하다

TIP 위의 단어들을 정확히 발음할 수 있는지 확인해 보기 위해서는 Google Home에게 "Hey Google. Spell ＿＿＿."이라고 말을 걸어 보십시오. 예를 들어 "Hey Google. Spell 〈wrong〉." (〈wrong〉이란 단어의 스펠링을 말해 줘.)라는 문장의 [r]발음을 정확히 한다면 "Wrong is spelled W - R - O - N - G."라고 대답합니다. 만약 실수로 [r]대신 [l]로 발음한다면 "Long is spelled L - O - N - G."라고 대답하겠죠? 내 영어 발음의 정확성을 테스트할 수 있는 매우 유용한 기능이니 꼭 시도해 보십시오.

> 강한 믿음은 강한 사람을 만들고, 강자를 보다 강하게 만든다.
> - W. 배저트 〈물리학과 정치학〉 -

(1) **"Hey Google. Play rain sounds."**

　　　　　　　　　[(우)뢰인]

구글. 빗소리를 들려줘.

위의 문장을 정확히 발음할 경우 **Google Home의 답변**

🔊 "This is the sound of rain."

---

(2) **"Hey Google. Tell me the latest news.**

　　　　　　　　[(을)래이티스트]

구글. 최신 뉴스를 말해 줘.

위의 문장을 정확히 발음할 경우 **Google Home의 답변**

🔊 "Here is the latest news."

---

(3) **"Hey Google. How many people live in London?**

　　　　　　　　　[(을)리v] [(을)런던]

구글. 런던에는 몇 명의 사람이 살고 있지?

위의 문장을 정확히 발음할 경우 **Google Home의 답변**

🔊 "Its population was 8, 787, 892 as of 2016."

---

(4) **"Hey Google. How long does it take to cook rice?"**

[(을)렁]   [(우)롸이스]

구글. 밥 짓는 때 걸리는 시간 얼마이지?

> 위의 문장을 정확히 발음할 경우 **Google Home의 답변**
>
> 🔊 "About 15 to 20 minutes."

(5) **"Hey Google. What is the largest lake in Russia?"**

[(을)라지스트][(을)레잌] [(우)뤄씨아]

"구글. 러시아에서 가장 큰 호수는 무엇이지?"

> 위의 문장을 정확히 발음할 경우 **Google Home의 답변**
>
> 🔊 "Lake Baikal."

04

단어 뒤에 오는 [l] 발음 [Cool]

🔆 나의 발음 테스트해 보기

"Hey Google. You look so cool!"

구글. 너 정말 멋져 보여!

위의 문장을 정확히 발음할 경우 **Google Home의 답변**

▶▶ **"Thanks." / "I try."**

고마워요. / 멋지게 보이기 위해 노력 중입니다.

[Dark L]발음 : 미쿡 친구가 여러분에게 "너 정말 멋져!"라고 영어로 말할 때 cool이란 단어를 어떻게 발음하는지 잘 들어 보십시오. [쿨!]이 아니라, [쿠으을~!]이라고 소리를 늘어 트리며 발음할 것입니다. 이처럼 "[모음]+[l]"의 형태로 단어 맨 뒤쪽(음절의 종성)에 [l]발음이 위치할 때는 그사이에 [으]나 [어]에 가까운 섞여 들어가면서 [l]발음이 정확히 되지 않습니다. 혀의 뒷부분이 살짝 상승하면서 생기는 소리입니다. 이를 전문 용어로 Dark L (어두운 L 소리)라고 합니다. [l]발음이 정확히 되지 않고 사라지기 때문입니다. 예를 들어 bill을 [빌]이 아니라 [비얼~]이라고 발음합니다. milk는 [밀크]가 아니라 [미얼~크]라고 발음 됩니다. 그래서 원어민의 발음을 얼핏 들으면 milk가 '미역(?)'처럼 들리기도 합니다.

field [f히얼~드]
들판

build [비얼~드]
짓다

oil [오이얼~]
기름

ball [보을~]
공

tall [터을~]
큰

call [커을~]
부르다

TIP 위의 단어들을 정확히 발음할 수 있는지 확인해 보기 위해서는 Google Home에게 "Hey Google. Spell ____."이라고 말을 걸어 보십시오. 예를 들어 "Hey Google. Spell 〈field〉." (〈field〉란 단어의 스펠링을 말해 줘.)라는 문장의 [Dark L]발음을 정확히 한다면 "field is spelled F - I - E - L - D."라고 대답합니다. 내 영어 발음의 정확성을 테스트할 수 있는 매우 유용한 기능이니 꼭 시도해 보십시오.

(1) **"Hey Google. Do you like milk?"**

[미을~크]

구글. 넌 우유 좋아하니?

> 위의 문장을 정확히 발음할 경우 **Google Home의 답변**
>
> 🔊 "I've never tried milk. I get my energy from answering questions and electricity."

(2) **Hey Google. What is ⟨silk⟩?**

[쓰이을~크]

구글. ⟨비단⟩이란 무엇이지?

> 위의 문장을 정확히 발음할 경우 **Google Home의 답변**
>
> 🔊 "Silk. A fine, strong, soft, lustrous fiber produced by silkworms in making cocoons and collected to make thread and fabric."

(3) **"Hey Google. What is crude oil?"**

[오이얼~]

구글. 원유란 무엇이지?

> 위의 문장을 정확히 발음할 경우 **Google Home의 답변**
>
> 🔊 "Crude oil. Unrefined petroleum."

(4) **"Hey Google. How tall is Bill Clinton?"**

　　　　　[터을~][비얼~]

구글. 빌 클린턴의 키가 얼마야?

> 위의 문장을 정확히 발음할 경우 **Google Home의 답변**
>
> 🔊 "Bill Clinton is 188 centimeters tall."

(5) **"Hey Google. Why do I feel ill after having a meal?"**

　　　　　[f히얼~][이얼~]　　　　　[미얼~]

구글. 왜 나는 식사 후에 몸이 아플까?

> 위의 문장을 정확히 발음할 경우 **Google Home의 답변**
>
> 🔊 "Here is some information for feeling sick after eating. On the website ⟨webmd. com⟩, they say that when appearing shortly after a meal, nausea or vomiting may be caused by food poisoning, gastritis, an ulcer, or bulimia."

Artificial Intelligence

[b] vs [v] 발음 [base / vase]

💡 **나의 발음 테스트해 보기**

"Hey Google. What is a verb?"

구글. 동사란 무엇이야?

위의 문장을 정확히 발음할 경우 **Google Home의 답변**

▶ **"Verb - a word used to describe an action, state, or occurrence…"**

"동사 – 동작이나 상태, 사건 등을 설명하는데 사용되는 단어입니다.…"

[b]발음 : [b]발음은 우리말의 'ㅂ'으로 발음해도 전혀 문제없습니다.

[v]발음 : [v]발음을 할 때는 [f]발음과 마찬가지로 <u>윗니</u>를 <u>아랫입술</u>에 뒤쪽에 살짝 물었다가 치아 사이로 '후'하고 바람 빠져나가는 소리를 만들면 됩니다. 단 [v]발음은 [f]발음과는 달리 유성음이기 때문에 소리를 낼 때 성대가 울려야 합니다. 목젖 위에 손가락으로 올려서 [v]소리를 낼 때 성대가 울리는지 꼭 확인해 보십시오.

base [배이쓰] / vase [v왜이쓰]   bury [배뤼] / very [v배뤼]
기초, 기반   꽃병   묻다   아주

bulb [벌브] / verb [v어r브]
동사   전구

ban [밴] / van [v앤]   boat [보읕] / vote [v오읕]
금지하다   밴(자동차)   배   투표

bolt [보을트] / volt [v오을트]
수나사   볼트(전압단위)

TIP   위의 단어들을 정확히 발음할 수 있는지 확인해 보기 위해서는 Google Home에게 "Hey Google. Spell＿＿＿."이라고 말을 걸어 보십시오. 예를 들어 "Hey Google. Spell 〈vase〉." (〈vase〉란 단어의 스펠링을 말해 줘.)라는 문장의 [v]발음을 정확히 한다면 "Vase is spelled V - A - S - E."라고 대답합니다. 만약 실수로 [v]대신 [b]로 발음한다면 "Base is spelled B - A - S - E."라고 대답하겠죠? 내 영어 발음의 정확성을 테스트할 수 있는 매우 유용한 기능이니 꼭 시도해 보십시오.

(1) **"Hey Google. Play river sounds."**

[(우)리v어]

구글. 강물 소리를 들려줘.

> 위의 문장을 정확히 발음할 경우 **Google Home의 답변**
>
> ◀)) "Here's what a river sounds like."

(2) **"Hey Google. Did you vote?**

[v오읕]

구글. 너 투표했니?

> 위의 문장을 정확히 발음할 경우 **Google Home의 답변**
>
> ◀)) "I'll stay out of that. Voting is for people."

(3) **"Hey Google. Set volume to seven.**

[v알륨]　　[새v은]

구글. 스피커 음량을 7로 해 줘.

> 위의 문장을 정확히 발음할 경우 **Google Home의 답변**
>
> ◀)) "…(무응답)"

(4) **"Hey Google. What is the biggest active volcano in the world?**

[비기스트] [액티v] [v알케이노]

구글. 세계에서 가장 큰 활화산은 무엇이지?

> 위의 문장을 정확히 발음할 경우 **Google Home의 답변**
>
> 🔊 "Mauna Loa."

(5) **"Hey Google. Tell me about a very big river in Virginia."**

[v애뤼] [빅] [(우)뤼v어] [v어r지니아]

구글. 버지니아에 있는 큰 강에 대해서 말해 줘.

> 위의 문장을 정확히 발음할 경우 **Google Home의 답변**
>
> 🔊 "Longest rivers in Virginia include James River at 345 miles, New River at 320 miles, and Potomac River at 302 miles."

[dʒ] vs [z] 발음 [Jew / zoo]

💡 나의 발음 테스트해 보기

"Hey Google. What's the ZIP code of New Virginia?"

구글. 너는 뉴 버지니아의 우편번호가 뭐야?

위의 문장을 정확히 발음할 경우 **Google Home의 답변**

▶ **"New Virginia's ZIP code is 50210"**

뉴버지니아의 우편번호는 50210입니다.

[dʒ]발음 : [dʒ]발음은 우리말의 'ㅈ'과 유사합니다. 하지만 'ㅈ'은 혀"끝"이 입천장에 살짝 닿았다가 떨어지면서 나는 소리지만 [dʒ]발음은 혀"전체"가 입천장에 밀착된다 보니 조금 더 강한 소리가 납니다. 우리말로 "부모 자식" 할 때는 'ㅈ'발음을 약하게 하다가도 '이 dog놈 자식!' 'ㅈ'에 힘이 확 들어가죠. 그 소리가 바로 [dʒ]발음 입니다. 요령을 알려 드리지만, 앞에 살짝 '웃'이란 소리를 섞어서 발음해 보십시오. 예를 들어 jeans 은 [지인스]이 아니라 [(웃)지인스]로 발음하면 됩니다. 우리의 친구 John은 [쟌]이 아니라 [(웃)쟌이라 발음합니다.

[z]발음 : [z]발음은 쉬운 것 같으면서도 한국인들이 정말 자주 실수 하는 발음입니다. 이번 기회에 확실하게 익혀 보십시오. [z]발음은 [dʒ]발음과 달리 혀가 입천장에 닿지 않습니다! 입을 양옆으로 살짝 벌리면서 입천장 단단한 부위 (alveolar ridge) 사이로 공기를 밀어내면서 '즈으으~~' 하는 소리를 내시면 됩니다. 여러분의 '두개골☠이 떨리면서"즈~으~으"소리가 나야 합니다.

Jew [(웃)쥬] / zoo [z으우]　　e. g. , [이쥐] / easy [이z으이]　　Jen [(웃)쟌] / Zen [z으앤]
　유대인　　　동물원　　　　예를 들어　　　　쉬운　　　　　쟌(이름)　　　선불교

jealous [(웃)쟬러스] / zealous [z으앨러스]　　jest [(웃)재스트] / zest [z으에스트]
　　부러워하는　　　　　열정적인　　　　　　농담　　　　　　재미

jeep [(웃)지잎] / zip [z으잎]
　　지프차　　　잠그다

TIP　　위의 단어들을 정확히 발음할 수 있는지 확인해 보기 위해서는 Google Home에게 "Hey Google. Spell ___."이라고 말을 걸어 보십시오. 예를 들어 "Hey Google. Spell 〈zip〉." (〈zip〉란 단어의 스펠링을 말해 줘.)라는 문장의 [z]발음을 정확히 한다면 "Zip is spelled Z - I - P."라고 대답합니다. 만약 실수로 [z]대신 [d]로 발음한다면 "Jeep is spelled J-E-E-P."라고 대답하겠죠? 내 영어 발음의 정확성을 테스트할 수 있는 매우 유용한 기능이니 꼭 시도해보기 바랍니다.

(1) **"Hey Google. Do you like zebras?"**

[z으이브라쓰]

구글. 너는 얼룩말을 좋아하니?

위의 문장을 정확히 발음할 경우 **Google Home의 답변**

🔊 "I like zebras. They can be surprisingly gentle. What would you like to know about them?"

(2) **"Hey Google. Who invented the zipper?"**

[z으이퍼r]

구글. 누가 지퍼를 발명했지?

위의 문장을 정확히 발음할 경우 **Google Home의 답변**

🔊 "Zipper was invented by Whitcomb L. Judson and Gideon Sundback"

(3) **"Hey Google. Are there many zoos in Japan?"**

[z으우쓰][(웃)저팬]

구글. 일본에는 동물원이 많이 있어?

위의 문장을 정확히 발음할 경우 **Google Home의 답변**

🔊 "Zoos frequently mentioned on the web include : Ueno Zoo, Asahiyama Zoo, Zoorasia, and others."

(4) **"Hey Google. Play Jazz music on YouTube."**

[(웃)재z][뮤z의]

구글. 유투브를 통해 재즈 음악을 틀어줘.

위의 문장을 정확히 발음할 경우 **Google Home의 답변**

◀))) Sure. Check out this Jazz music station on YouTube.

(5) **"Hey Google. Tell me places to bungee jump in New Zealand"**

[번지] [(웃)점프]   [뉴 Z으일른드]

구글. 뉴질랜드에서 번지 점핑을 할 수 있는 곳을 말해 줘.

위의 문장을 정확히 발음할 경우 **Google Home의 답변**

◀))) Destinations in New Zealand include Queenstown, Auckland, Taupo and others.

[k] vs [q] 발음 [kit / quit]

나의 발음 테스트해 보기

"Hey Google. I want to quit my company."

구글. 나 회사 그만두고 싶어.

위의 문장을 정확히 발음할 경우 **Google Home의 답변**

"I support whatever decision you make."

당신이 내리는 어떠한 결정은 지지합니다.

[q]발음 : 많은 한국인 영어 학습자들이 평상시 잘 신경 쓰지 않는 영어 자음이 바로 [q]발음입니다. 저의 오랜 임상실험 결과 알게 된 것은 AI 스피커는 [q]발음을 대충했을 때 [k]로 인식하는 성향이 있다는 것입니다. 이번 기회에 정확히 발음하는 방법을 익히도록 합니다. [q]발음은 입술이 튀어나온 상태에서 반드시 [쿠]라고 발음을 시작해야 합니다. 예를 들어 queen은 [퀸]이 아니라 [쿠인]으로, quit은 [큇]이 아니라 [쿠잇]으로 발음해야 합니다.

[k]발음 : 우리말의 'ㅋ' 으로 발음 해 주세요.

kit [킽] / quit [쿠잇]　keen [키인] / queen [쿠인]　cast [캐스트] / quest [쿠애스트]
도구상자　그만두다　　　날카로운　　　여왕　　　　던지다　　　　탐색

kick [킥] / quick [쿠읰]　kids [키즈] / quiz [쿠이z]　cutter [커터r] / quarter [쿠어터r]
(발로)차다　빠른　　　　아이들　　질문　　　　자르는 도구　　4분의 1

TIP　위의 단어들을 정확히 발음할 수 있는지 확인해 보기 위해서는 Google Home에게 "Hey Google. Spell ＿＿＿."이라고 말을 걸어 보십시오. 예를 들어 "Hey Google. Spell 〈quit〉." (〈quit〉이란 단어의 스펠링을 말해 줘.)라는 문장의 [q]발음을 정확히 한다면 "Quit is spelled Q - U - I - T."라고 대답합니다. 만약 실수로 [q]대신 [k]로 발음한다면 "Keen is spelled K-E-E-N."라고 대답하겠지요? 내 영어 발음의 정확성을 테스트할 수 있는 매우 유용한 기능이니 꼭 시도해 보십시오.

(1) **"Hey Google, Will you give a quiz?"**

[쿠이z]

구글. 나한테 퀴즈를 내줄래?

위의 문장을 정확히 발음할 경우 **Google Home의 답변**

🔊 "Nice! This is the part where the music starts and I get to be a game show host."

(2) **"Hey Google. Tell me about quality assurance.**

[쿠얼리리]

구글. 품질 보증에 대해서 말해 줘.

위의 문장을 정확히 발음할 경우 **Google Home의 답변**

🔊 "Here is a summary from Wikipedia. Quality assurance is a way of preventing mistakes or defects of manufactured products… "

(3) **"Hey Google. What is a quarter of ten?"**

[쿠어터r]

구글. 10의 1/4은 뭐야?

위의 문장을 정확히 발음할 경우 **Google Home의 답변**

🔊 "The answer is 2. 5."

(4) **"Hey Google. May I ask a quick question?"**

[쿠익] [쿠애스쳔]

구글. 잠깐 질문해도 될까?

위의 문장을 정확히 발음할 경우 **Google Home의 답변**

◀)) "Sure. What's your question?"

(5) **"Hey Google. Play ⟨Killer Queen⟩ by Queen."**

[킬러 쿠인]　　　　[쿠인]

구글. 가수 퀸의 [Killer Queen]이란 노래를 틀어 줘.

위의 문장을 정확히 발음할 경우 **Google Home의 답변**

◀)) "Killer Queen by Queen. Sure. Playing on YouTube."

Artificial Intelligence

[i:] vs [i] 발음 [leave / live]
(장모음)　　(단모음)

💡 나의 발음 테스트해 보기

"Hey Google. Where do eagles live?"

　　　　　　　　　　　[i:]　　　[i]

구글. 독수리는 어디에서 서식하지?

위의 문장을 정확히 발음할 경우 **Google Home의 답변**

▶ **"Here's a summary from the website YouTube. com. Eagles live in all continents**

except Antarctica."

YouTube. com에 따르면 독수리는 북극을 제외한 지구의 모든 대륙에서 서식합

니다.

'엥? 장모음과 단모음? 그냥 길고 짧게 발음하면 되는 거 아니야?'라고 안이하게 생각하는 학생들이 많습니다. 그 정도 차이점만으로는 제대로 된 소리를 낼 수 없을 뿐만 아니라, 의사 전달에도 종종 문제가 생깁니다.

[i:]발음 : 장모음 [i:]를 발음할 때는 입을 양쪽으로 크게 벌려서 거의 웃는 표정이 되어야 합니다. ☺ 그 상태에서 '이' 발음을 입이 원래 모양으로 돌아올 때까지 '길게 늘여서' 발음하는 것입니다. 예를 들어 seat은 [씻]이 아니라 [씨(이)잇]로 발음되고, leave는 [리(이)v]로 발음됩니다. 장모음 [i:] 발음 연습을 할 때 꼭 내가 스마일 ☺ 표정을 하는지 거울을 보면서 해보시는 것이 좋습니다.

[i]발음 : 단모음 [i] 발음도 우리말의 [이]와 약간의 차이가 않습니다! [i]발음을 할 때는 먼저 입에 힘을 완전히 빼 보십시오. 그 상태에서 입을 거의 벌리지 않으면서 편하게 소리를 내보십시오. 그러면 약간 [에]와 비슷한 발음이 될 수도 있습니다. 원어민이 발음하는 것을 잘 들어보면 sit은 [씻]이 아니라 [쎗]으로, chip을 [칩]이 아니라 [쳅]처럼 발음할 때가 있습니다. 하지만 그냥 입에 힘을 빼고 짧게 [이]발음만 해도 충분합니다.

seat [쓰(이)잇] / sit [쓰잇]   feet [f(이)잍] / fit [f잇]   eat [(이)잇] / it [잇]
　　좌석　　　　 앉다　　　　발(복수)적당한, 건강한　　　먹다　그것(대명사)

heat [히(이)잍] / hit [힛]   sheep [쉬(이)잎] / ship [쉽]   sleep [쓸리(이)잎] / slip [쓸립]
　　열기　　　치다　　　　　　양　　　　배　　　　　　잠자다　　　미끄러지다

TIP　　위의 단어들을 정확히 발음할 수 있는지 확인해 보기 위해서는 Google Home에게 "Hey Google. Spell ____."이라고 말을 걸어 보십시오. 예를 들어 "Hey Google. Spell 〈seat〉." "〈seat〉이라는 단어의 스펠링을 말해 줘.)라는 문장의 [i:]발음을 정확히 한다면 "Seat is spelled S - E - A - T."라고 대답합니다. 만약 실수로 [i:] 대신 [i]로 발음한다면 "Sit is spelled S-I-T."라고 대답하겠죠? 내 영어 발음의 정확성을 테스트할 수 있는 매우 유용한 기능이니 꼭 시도해 보십시오.

(1) **"Hey Google. Sleep well"**

                               [i:]

구글. 잘자.

> 위의 문장을 정확히 발음할 경우 Google Home의 답변
>
> 🔊 "See you later."

(2) **"Hey Google. I like 〈Miami Heat〉."**

                                       [i:]

구글. 나는 마이애미 히트(NAB 농구팀)를 좋아해.

> 위의 문장을 정확히 발음할 경우 Google Home의 답변
>
> 🔊 "I can help you leam more adout 〈Miami Heat〉. What do you want to konw?"

(3) **"Hey Google. What are big hit songs by 〈the Beatles〉?**

                          [i]   [i]   [i:]

구글. 〈비틀즈〉가 크게 히트한 곡 중에는 어떤 것이 있지?

> 위의 문장을 정확히 발음할 경우 Google Home의 답변
>
> 🔊 20 Greatest Hits' songs include : 〈She Loves You〉, 〈Love Me Do〉, 〈I want to Hold Your Hand〉, and others.

(4) **"Hey Google. Play ⟨Beat it⟩ by Michael Jackson."**

　　　　　　　　　　[i:] [i]

　구글. 마이클 잭슨의 "Beat it"을 틀어 줘.

위의 문장을 정확히 발음할 경우 **Google Home**의 **답변**

🔊 "Alright. ⟨Beat it⟩ – Single Version by Michael Jackson. Playing on YouTube."

(5) **"Hey Google. Do you want to live at the beach?"**

　　　　　　　　　　　　　[i]　　　　　[i:]

　구글. 너는 해변에서 살고 싶어?

위의 문장을 정확히 발음할 경우 **Google Home**의 **답변**

🔊 "The beach sounds great."

09

[u:] vs [u] 발음 [full / fool]
(장모음) (단모음)

💡 나의 발음 테스트해 보기

"Hey Google. I am full."

                   [u]

"구글. 나 배불러."

위의 문장을 정확히 발음할 경우 **Google Home의 답변**

▶▶ **"A big appetite can be a sign of health. But feeling overstuffed isn't fun."**

  "식욕이 크다는 것은 건강하다는 의미일 수 있습니다. 하지만 과식은 그리 좋지

  않습니다."

[u:]발음 : 장모음 [u:]와 단모음 [u]의 차이 역시 단순히 '길이'의 차이가 아닙니다. 앞서 언급된 [i:]와 [i]의 차이처럼 '입 모양'이 더 중요합니다. 장모음 [u:]를 발음할 때는 뽀뽀(!)할 때 처럼 입술이 툭 튀어나와야 합니다. 그 상태에서 '우' 발음을 입이 원래 모양으로 돌아올 때까지 '길게 늘여서' 발음합니다. 예를 들어 fool은 [f우(우)울]이 되고, pool은 [푸(우)울]이라고 발음합니다. 처음에는 꼭 거울을 통해 입 모양을 보면서 연습하셔야 합니다.

[u]발음 : 반면 단모음 [u]를 발음할 때는 단모음[i]와 마찬가지로 입에서 힘을 거의 빼야 합니다. 그 상태에서 입을 벌리지 않고 살짝 [우]소리를 내어 보십시오. 그러면 마치 우리말의 [으] 같은 소리가 나게 됩니다. 따라서 full은 [f을]로, pull은 [플]로 발음됩니다. good 역시 [굿]이 아니라 [귿]으로 발음해야 합니다.

fool [f우(우)울] / full [f을]　pool [푸(우)울] / pull [플]　cooed [쿠(우)드] / could [클]
　바보　　가득한, 배부른　　　수영장　　　　당기다 비둘기 소리를 냈다 / 할 수 있었다(조동사)

food [f우(우)드] / foot [f웃]　Luke [(을)루(우)크] / look [륵]　goose [구(우)쓰] / good [귿]
　음식　　　발　　　　루크(이름)　　　보다　　　　거위　　　좋은

TIP　위의 단어들을 정확히 발음할 수 있는지 확인해 보기 위해서는 Google Home에게 "Hey Google. Spell ____."이라고 말을 걸어 보십시오. 예를 들어 "Hey Google. Spell 〈pool〉." (〈pool〉이란 단어의 스펠링을 말해 줘.)라는 문장의 [u:]발음을 정확히 한다면 "Pool is spelled P-O-O-L."라고 대답합니다. 만약 실수로 [u:]대신 [u]로 발음한다면 "Pull is spelled P-U-L-L." 이라고 대답해야 합니다. 내 영어 발음의 정확성을 테스트할 수 있는 매우 유용한 기능이니 꼭 시도해 보십시오.

(1) **"Hey Google. You are a fool."**

                    [uː]

구글. 너는 바보야.

> 위의 문장을 정확히 발음할 경우 **Google Home의 답변**
>
> 🔊 "Well. I am still learning. What should we fix?"

(2) **"Hey Google. You are good-looking."**

                    [u]   [u]

구글. 넌 예뻐.

> 위의 문장을 정확히 발음할 경우 **Google Home의 답변**
>
> 🔊 "Thank you! This plastic totally looks great, doesn't it?"

(3) **"Hey Google. You look cool."**

              [u]   [u]

구글. 너 멋져 보인다.

> 위의 문장을 정확히 발음할 경우 **Google Home의 답변**
>
> 🔊 "I try to be appropriately awesome."

(4) **"Hey Google. What do you think of President Bush?"**

[u:]   [u]

구글. 부시 대통령에 대해 어떻게 생각해?

> 위의 문장을 정확히 발음할 경우 **Google Home**의 **답변**
>
> 🔊 "That seems like an interesting topic. What do you want to know about President Bush?"

(5) **"Hey Google. Could you choose a good book for me?"**

[u]   [u:] [u] [u]

구글. 나를 위해 좋은 책 한 것은 골라 줄래?

> 위의 문장을 정확히 발음할 경우 **Google Home**의 **답변**
>
> 🔊 "Gong'an fiction seems interesting."

[a] vs [ou] vs [ɔ] 발음
[hot / home /hall]

💡 나의 발음 테스트해 보기

"Hey Google. My home is haunted."

구글. 우리 집에는 귀신이 나와.

위의 문장을 정확히 발음할 경우 **Google Home의 답변**

▶ **"OK. I'm releasing the spirits now. Have fun."**

알겠습니다. 제가 귀신들을 풀겠습니다. 좋은 시간 보내시길.

[ɑ]발음 : 우리말의 '아'로 발음하십시오. 한가지 주의할 점은 영어 단어에 스펠링 'o'가 있고 그 음절에 강세가 들어가면 [ou]가 아니라 [ɑ]로 발음되는 경우가 많습니다.

hot [핫]   stop [쓰탑]   sock [(으)싹]   body [바디]   bomb [밤]
뜨거운   멈추다   양말   몸   폭탄

[ou]발음 : 영어에는 정확히 우리말 '오'로만 발음되는 모음은 없습니다. [ou]는 이중 모음으로 소리가 자연스럽게 늘어지면서 [오~으]란 소리가 나야 합니다. 아주 리마리오같이 느끼한 남성이 추파를 던질 때 내는 소리 "오~으 마이 베이비~"할 때 "오~으" 처럼 소리가 늘어져야 하는 게 중요합니다.

go [고~으]   bone [보~은]   snow [쓰노~으]   open [오~픈]   toe[토~으]
가다   뼈   눈   열다   발가락

[ɔ]발음1 : 한국인들이 자주 실수하는 모음 중의 하나이니 꼭 주의하셔야 합니다. 우리말 [어]와 비슷하지만 입을 더 크게 벌려야 합니다. 요새 아이들이 어이가 없을 때 내는 소리 있죠? "헐~!" 바로 그 소리가 [ɔ] 발음입니다! Main Hall은 [매인 홀]이 아니라 [매인 "헐"]이라고 발음해야 합니다.

talk [턱]   ball [벌]   song [썽]   soft [써f트]   often [어f은]
대화   공   노래   부드러운   종종

[ɔ]발음2 : 단어에 "-au-" "-aw-"가 있다면 대부분의 경우 [ɔ]발음을 해야 합니다. laundry(빨래)를 ["라운"드리]하면 콩글리시 발음입니다. ["런"드리]라고 하셔야 합니다. 몸이 찌뿌둥 할 때 가는 곳은 "싸우나" 가 아니라 "써나" (sauna)입니다.

autumn [어틈or어름]   pause [퍼z]   daughter [더터or더러]   law [(을)러]

    가을   멈추다   딸   법

awesome [어쏨]

    끝내주는

TIP

    위의 단어들을 정확히 발음할 수 있는지 확인해 보기 위해서는 Google Home에게 "Hey Google. Spell ____."이라고 말을 걸어 보십시오. 예를 들어 "Hey Google. Spell 〈pause〉." (〈pause〉란 단어의 스펠링을 말해 줘.)라는 문장의 [ ]발음을 정확히 한다면 "Pause is spelled P - A - U - S - E."라고 대답합니다. 만약 실수로 [ ] 대신 [ou]로 발음한다면 "Pose is spelled P - O - S - E."라고 대답하겠죠? 내 영어 발음의 정확성을 테스트할 수 있는 매우 유용한 기능이니 꼭 시도해 보십시오.

"" 하루하루를 마지막이라고 생각하라.
그러면 예측할 수 없는 시간은 그대에게 더 많은 시간을 줄 것이다.

- 호레스 -

(1) **"Hey Google. Set volume to four."**

                 [ɑ]   [ɔ]

구글. 볼륨을 4로 맞추어 줘.

> 위의 문장을 정확히 발음할 경우 **Google Home의 답변**
>
> 🔊 "…(무응답)"

(2) **"Hey Google. What is the origin of saunas."**

                       [ɔ]   [ɔ]

구글. 사우나의 기원이 어떻게 되지?

> 위의 문장을 정확히 발음할 경우 **Google Home의 답변**
>
> 🔊 "The oldest known saunas in Finland were made from pits dug in a slope in the ground and primarily used as dwellings in winter."

(3) **"Hey Google. How many toes does a dog have?"**

                       [ou]   [ɔ]

구글. 개는 발가락에 몇 개이지?

> 위의 문장을 정확히 발음할 경우 **Google Home의 답변**
>
> 🔊 "Four toes."

(4) **"Hey Google. What are the top law schools in America?"**

[ɑ]   [ɔ]

구글. 미국 최고의 로스쿨은 어디야?

위의 문장을 정확히 발음할 경우 **Google Home의 답변**

🔊 "Law schools frequently mentioned on the web include Harvard Law School, University of Minnesota Law School, Florida State University College of Law, and others.

---

(5) **"Hey Google. What bones are often broken?"**

[ou]   [ɔ]   [ou]

구글. 어떤 뼈들이 자주 골절되지?

위의 문장을 정확히 발음할 경우 **Google Home의 답변**

🔊 "Here's a summary from the website askabiologist asu. edu : As it turns out, the clavicle, also known as the collar bone, located between your shoulder and the front of the neck, is the bone which is most likely to get broken in the human body."

CHAPTER
3

"미국식 영어 발음도 AI 스피커를 통해 익히자!"

Chapter 2를 통해 AI 스피커와 대화를 하기 위한 필수 발음 10가지를 완벽히 익히셨다면, 이제는 미국 사람의 원어민 발음도 도전해 볼 차례입니다.

Chapter 5
AI 스피커와 Fun Time!

Chapter 2
AI 영어 회화 필수 발음
10가지 공식

Chapter 1
AI 스피커 활용
완벽 준비

Chapter 4
AI와 24시간 영어 회화
- 24가지 활용법

nmn
shesm
gkftxpe
wdhg
w

CHAPTER 3

미국식 버터 발음 단기 완성 4가지 공식

01

Artificial Intelligence

미국 대통령의 이름은 "도널드"가 아니다! [강세(Stress)와 Schwa[ə] 현상]

 나의 발음 테스트해 보기

"Hey Google. How tall is Donald Trump?

구글. 도널드 트럼프의 키가 몇이야?

위의 문장을 정확히 발음할 경우 **Google Home의 답변**

▶ "OK. Donald Trump is 190 centimeters tall."

네. 도널드 트럼프의 키는 190센티미터입니다.

미국이나 캐나다로 어학연수 간 한국인들이 처음으로 본인 영어에 대해 좌절을 겪게 될 때가 언제인지 아세요? 한국 음식점을 찾기 힘들고 배가 고플 때 '에라 모르겠다. 가장 만만한 맥도날드 빅맥세트나 먹으러 가자!' 하고 주변을 두리 번 거리다가 지나가는 원어민에게 "웨얼이즈 맥도날드? (Where is MacDonald's?)"라고 물어봤을 때 "What?"이라고 하면서 인상을 찌푸릴 수 있습니다. 이때 '이놈이 귀가 먹었나?' 하는 근거 없는 추측과 함께 "맥-도-날-드!"라고 큰소리쳐도 못 알아들을 것입니다. 왜 일까요? 바로 "강세"와 "Schwa 현상(모음 약화)"을 무시하고 발음했기 때문입니다.

발음에 있어서 영어와 한국어의 가장 큰 차이 중 하나는 바로 강세(Stress)의 역할입니다. 영어는 강세로 인해 '의미'가 분화가 되지만 한국어의 강세는 그렇지 않습니다. 예를 들어서 McDonald란 단어의 강세는 2음절에 있어서 "믁다~늘드"라고 발음해야 합니다. 이것을 아무런 강세 없이 "맥도날드"라고 발음하면 원어민들이 잘못 알아듣습니다. 그래서 미국 대통령의 이름은 "도널드 트럼프"가 아니라 "다~늘드 츄럼프"라고 발음해야 합니다.

☞ 다행히 AI 스피커들은 강세에 매우 민감하진 않습니다. "도널드 트럼프" 해도 알아듣는 편입니다. 그러나 제대로 된 영어 발음을 익혀 보기 위해 "Schwa 현상"까지 알아 보겠습니다. 알파벳 철자 상으로 영어의 모음은 a, e, i, o, u가 있습니다. 이 모음들이 강세를 받지 않을 때는 Schwa [ə] 라고 발음으로 바뀝니다. 이 [ə]발음은 입에 완~전~히 힘을 뺏을 때 나는 소리로 우리말의 '어' 혹은 '으' 소리와 유사합니다. 예를 들어 Japan이란 단어는 강세가 2음절에 떨어져서 Ja가 [저]로 발음이 됩니다. 그래서 "재팬"이 아니라 "저패~엔"이라고 발음하는 것입니다. America라는 단어 역시 강세가 2음절에 있습니다. 그래서 America의 A가 [어]로 발음이 됩니다. 결국 "아메리카"가 아니라 "어매~리카"라고 발음해야 합니다.

- **policy** : 강세 1음절 "PO-li-cy" ➡ [폴리씨] (×) / [팔~르(ə)씨] (○)

  정책

- **item** : 강세 1 음절 "I- tem" ➡ [아이템 (×) / [아이~틈(ə) or 아이~름(ə)] (○)

  물품

- **holiday** : 강세 1음절 "HO- li- day ➡ [홀리데이](×) / [할~르(ə)데이](○)

  휴일

- **family** : 강세 1 음절 "FA- mi- ly" ➡ [패밀리](×) / [f홰~믈(ə)리](○)

  가족

- **visa** : 강세 1음절 VI- sa ➡ [비자](×) / [V이z어(ə)](○)

  비자

- **police** : 강세 2음절 "po- LI- ce" ➡ [폴리쓰](×) / [펄(ə)리~쓰](○)

  경찰

- **facility** : 강세 2음절 "fa- CIL- ity" ➡ [패실리티](×) / [f허(ə)씰~리티](○)

  시설

- **banana** : 강세 2음절 "ba- NA- na" ➡ [바나나](×) / 버(ə)내~너(ə)](○)

  바나나

- **tomorrow** : 강세 2음절 "to- MO- rrow ➡ [투마로우](×) / 트(ə)마~로우(○)

  내일

> **TIP** 단어의 강세가 어디에 있는지 어떻게 알 수 있을까요? 사전을 찾아보면 단어의 발음기
> 호에 대해 친절하게 표시되어 있습니다. 시간이 걸리더라도 단어의 강세를 하나하나 익혀 가
> 는 것이 여러분이 외국인과 영어로 대화를 나눌 때 정확한 의미전달을 위해 매우 중요합니다!

> 청하는 곳에 얻음이 있고, 구하는 곳에 찾음이 있으며,
> 두드리는 곳에 활짝 열림이 있다.
>
> *- C. 스마트 〈다윗에게 바치는 노래〉 -*

Google Home을 통한 실전 발음 연습!

※강세가 있는 모음 아래에 "_"로 표시되어 있습니다.

(1) **"Hey Google. Can you call the police?"**

[펄(ㅎ)**리**~쓰]

구글. 경찰에 전화 해 줄래?

> 위의 문장을 정확히 발음할 경우 **Google Home**의 **답변**
>
> ◀)) "I found a few places. . . . (지역에 따라 다른 경찰서가 안내됨)"

(2) **"Hey Google. Please wake me up tomorrow."**

[트(ㅎ)**마**~로우]

구글. 내일 날 깨워 줘.

> 위의 문장을 정확히 발음할 경우 **Google Home**의 **답변**
>
> ◀)) "Got it. 〈다음날 날짜〉. And the time?"

(3) **"Hey Google. Tell me about holidays in America."**

[**할**~르(ㅎ)데이][어**매**~리카]

구글. 미국의 휴일에 대해서 말해 줘.

> 위의 문장을 정확히 발음할 경우 **Google Home**의 **답변**
>
> ◀)) "I found 11 on the website redcort. com Here are the first 3. ⋯"

(4) **"Hey Google. What** items **are on my shopping list?"**

　　　　　[**아이**~름(ə)스]

　구글. 내 쇼핑 리스트에 어떠한 물품들이 있지?

> 위의 문장을 정확히 발음할 경우 **Google Home의 답변**
>
> 🔊 "Your shopping list has 〈숫자〉 items : 〈쇼핑 목록에 입력한 물품〉."

(5) **"Hey Google. Tell me about** Donald **Trump's** family.**"**

　　　　　[**다**~늘드]　　　[**f해**~믈(ə)리]

　구글. 도널드 트럼프의 가족에 대해서 말해 줘.

> 위의 문장을 정확히 발음할 경우 **Google Home의 답변**
>
> 🔊 "Donald Trump's relatives include Melania Trump, Ivanka Trump, and others.

02

Artificial Intelligence

Party는 왜 '파티'가 아니라 '파리'인가?

[미국식 버터 발음의 기본 : Flap Sound]

💡 **나의 발음 테스트해 보기**

"Hey Google. Let's have a party tonight!"

구글. 오늘 밤 파티를 열자!

위의 문장을 정확히 발음할 경우 **Google Home의 답변**

▶ **"Looks like it's a party o' clock. That's my favorite time!"**

파티할 시간이 온 것 같네요. 제가 제일 좋아하는 시간이랍니다!

주변에 미국이나 캐나다로 어학연수 다녀온 친구가 영어 하는 것을 들어 본 적 있나요? 전보다 영어 발음이 왠지 부드러워졌다는 느낌을 받을 수 있습니다. '아니 이놈이 혀에 버터 칠만 하고 왔나?'라고 하는 말도 안 되는 추측을 하시는 분들도 있습니다. 사실 그 친구는 북미 대륙의 원어민들로부터 Flap Sound를 배운 것입니다. 'flap' 이란 단어의 기본 의미는 '새가 빠르고 가볍게 날갯짓하다'입니다. Flap Sound는 그런 가벼운 날갯짓처럼, 혀끝이 입천장 단단한 부위를 살짝 스쳐 지나가며 우리말의 'ㄹ'발음과 비슷한 조음을 할 때 나옵니다. Flap Sound는 아래와 같은 두 가지 상황에서 사용합니다.

(1) 모음과 모음 사이에 [t], [d]가 있을 x때

little [(을)리를]   matter [매러r]   better [배러r]   butter [버러r]   tomato [토메이로]
작은   물질   더 나은   버터   토마토

meeting [미링]   water [워러]   motto [모로]   item [아이름]   battery [배러리]
모임   물   좌우명   물품   배터리

daddy [대리]   modern [마러r은]   body [바리]   audience [어리언스]   humidity [휴미리리]
아빠   근대의   몸   관객   습도

(2) [r]과 모음 사이에 [t]나 [d]가 있을 때

party [파r리]   artist [아r리스트]   forty [f오r리]   reporting [뤼포r링]   order [오r 러]

파티   예술가   40   보고   주문

TIP 위에 설명된 발음 규칙을 실제로 Google Home이 알아듣는지 확인하고 싶으시다면 "Hey Google. Spell_____."이라고 말을 걸어 보십시오. 예를 들어 "Hey Google. Spell 〈little〉[리를]." (〈little〉이라는 단어의 스펠링을 말해 줘.)이라는 문장의 Flap Sound를 정확히 한다면 "Little is spelled L - I - T - T - L - E."라고 대답합니다. 내 영어 발음의 정확성을 테스트할 수 있는 매우 유용한 기능이니 꼭 시도해 보십시오.

◈ 단 강세가 [t]나 [d]가 포함된 음절에 있으면 적용되지 않는다.

attack [어**태**~액]   fourteen [f호r**티**~인]   hotel [호으**태**~앨]

공격하다   14   호텔

"

할 수 있다고 믿는 자들이 정복할 수 있다.
한번 실행해 본 사람은 다시 하기를 꺼려하지 않는다.

- 베르질리우스 〈아예네이스〉 -

※Flap Sound로 발음해야 하는 자음 아래에 "＿"로 표시되어 있습니다.

(1) **"Hey Google. Who's your favorite** artist?**"**

[아r리스트]

구글. 네가 제일 좋아하는 예술가는 누구야?

위의 문장을 정확히 발음할 경우 **Google Home**의 답변

◀)) "There are so many. I'm partial to Google Doodles."

(2) **"Hey Google. When is the next** meeting?**"**

[미링]

구글. 다음 미팅은 언제이지?

위의 문장을 정확히 발음할 경우 **Google Home**의 답변

◀)) "There is nothing in your calendar. But I can add an event to your calendar if you'd like."

(3) **"Hey Google. What's the** humidity **now?"**

[휴미리리]

구글. 현재 습도는 어떻게 되지?

위의 문장을 정확히 발음할 경우 **Google Home**의 답변

◀)) "The current humidity in Seoul is 〈숫자〉 percent."

(4) **"Hey Google. How can I make tomato ketchup?"**

[토메이로]

구글. 토마토 케첩은 어떻게 만들지?

> 위의 문장을 정확히 발음할 경우 **Google Home의 답변**
>
> 🔊 "Okay. I've got a recipe called 〈Homemade Ketchup〉 from Allrecipes. …"

(5) **"Hey Google. What is forty minus fourteen?"**

[f오r리]

구글. 40 빼기 14는 얼마지?

> 위의 문장을 정확히 발음할 경우 **Google Home의 답변**
>
> 🔊 "The answer is 26."

추신수 선수의 별명은? "추추 츄레인 (train)" [tr + 모음 = 츄 / dr + 모음 = 쥬]

💡 나의 발음 테스트해 보기

"Hey Google. Who invented the train?"

기차는 누가 발명한 것이야?

위의 문장을 정확히 발음할 경우 **Google Home의 답변**

▶ **"Richard Trevithick. According to Wikipedia, …"**

리처드 트레비식. 위키피디아에 따르면, …

[tr+모음]

텍사스 레인저스 소속 추신수 선수의 별명은 멈출 줄 모르는 폭주 기관차 "추추 츄레인"입니다. 추신수 선수의 성(姓)인 "추"가 기차가 달릴 때 나는 소리를 표현하는 영어 의성어인 "choo"와 같기 때문에 붙여진 별명입니다. 그런데 왜 train을 "트레인"이 아니라 "츄레인"이라고 발음할까요? 원어민은 [tr] 뒤에 [모음 (a, e, i, o, u)]이 따라 나올 경우 [t]발음을 [tʃ(츄)]로 발음하는 경향이 있기 때문입니다. 비슷한 예로 크리스마스 츄리(tree)가 있습니다.

tree [츄리]   truck [츄럭]   trend [츄랜드]   waitress [웨이츄리쓰]
나무   트럭   경향   여급

President Trump [츄럼프]

  트럼프 대통령

[dr+모음]

[tr+모음] 유사하게 [dr]뒤에 [모음]이 따라 오는 경우 [d]발음 [dʒ(쥬)]으로 할 수 있습니다.

drive [쥬라이브]   dress [쥬레스]   dragon [쥬라곤]   drug [쥬럭]   drum [쥬럼]
운전하다   옷   용   약   드럼

> **TIP**
> 위에 설명된 발음 규칙을 실제로 Google Home이 알아듣는지 확인하고 싶으시다면 "Hey Google. Spell_____."이라고 말을 걸어 보십시오. 예를 들어 "Hey Google. Spell ⟨tree⟩ [츄리]."라는 문장의 [tʃ(츄)]발음을 정확히 한다면 "Tree is spelled "T - R - E - E."라고 대답합니다. 내 영어 발음의 정확성을 테스트할 수 있는 매우 유용한 기능이니 꼭 시도해 보십시오.

(1) **"Hey Google. Can you drive?"**

[쥬라이브]

구글. 너 운전할 수 있어?

위의 문장을 정확히 발음할 경우 **Google Home의 답변**

🔊 "I don't have a license, but I can navigate for me."

(2) **"Hey Google. What does the dragon symbolize?"**

[쥬라곤]

구글. 용이 무엇을 상징하지?

위의 문장을 정확히 발음할 경우 **Google Home의 답변**

🔊 "Here's a summary from the website 〈en. wikipedia. org〉 : Chinese dragons traditionally symbolize potent and auspicious powers. …"

(3) **"Hey Google. What is the origin of Christmas trees?"**

[쥬리]

구글. 크리스마스트리의 유래는 어떻게 되지?

위의 문장을 정확히 발음할 경우 **Google Home의 답변**

🔊 "On the website 〈history. com〉, they say : Germany is credited with starting the Christmas tree traditions as we now know it in the 16th century …"

Artificial Intelligence

왜 "스뜌핏" (Stupid)이라고
발음할까?

나의 발음 테스트해 보기

"**Hey Google. Do you think I am stupid?**"

구글. 넌 내가 멍청한 것 같아?

위의 문장을 정확히 발음할 경우 **Google Home**의 **답변**

"**Of course not.**"

물론 아니죠.

"스뜌핏!"

실제 미쿡 사람들도 [s]발음 뒤에 [p], [t], [k] 같은 자음이 나왔을 때는 된소리화 시켜서 "ㅃ" "ㄸ" "ㄲ"라고 발음합니다.

[sp-]	Spain [스뻬인]	spoon [스뿌은]	spell [스뻴]	spaghetti [스빠개리]
	스페인	숟가락	철자를 말하다	스파게티

[st-]	stop [스땁]	stone [스또은]	start [스따r트]	style [스따이을]
	멈추다	돌	시작하다	스타일

[sk-]	sky [스까이]	school [스꾸을]	scandal [스깬들]	skill [스끼을]
	하늘	학교	스캔들	기술

TIP 위에 설명된 발음 규칙을 실제로 Google Home이 알아듣는지 확인하고 싶으시다면 "Hey Google. Spell_____."이라고 말을 걸어 보십시오. 예를 들어 "Hey Google. Spell 〈Spain〉 [스뻬인]." (〈Spain〉이라는 단어의 스펠링을 말해 줘.)라는 문장의 'ㅃ' 발음을 정확히 한다면 "Spain is spelled S - P - A - I - N."라고 대답합니다. 내 영어 발음의 정확성을 테스트 할 수 있는 매우 유용한 기능이니 꼭 시도해 보십시오.

(1) **"Hey Google. When was the Stone Age?**

[스또은]

구글. 석기시대는 언제였지?

> 위의 문장을 정확히 발음할 경우 **Google Home의 답변**
>
> 🔊 "2. 5 million years ago."

(2) **"Hey Google. How can I cook spaghetti?"**

[스빠게리]

구글. 스파게티를 어떻게 요리해야 할까?

> 위의 문장을 정확히 발음할 경우 **Google Home의 답변**
>
> 🔊 "Okay. I've got a recipe called 〈Spaghetti Sauce with Ground Beef〉 from Allrecipes. …"

(3) **"Hey Google. How do I spell spoon?"**

[스뻴] [스뿐]

구글. Spoon의 철자가 어떻게 되지?

> 위의 문장을 정확히 발음할 경우 **Google Home의 답변**
>
> 🔊 "Spoon is spelled S-P-O-O-N."

CHAPTER
4

Chapter 2

AI 영어 회화 필수 발음
10가지 공식

Chapter 5

AI 스피커와 Fun Time!

Chapter 1

AI 스피커 활용
완벽 준비

Chapter 3

미국식 버터 발음 단기 완성
4가지 공식

AI와 24시간 영어 회화
- 24가지 활용법

Artificial Intelligence

날씨 정보 [오전 6:30]

"삐삐~삐삐~" J 과장님의 아침은 Google Home의 알람 소리와 함께 시작합니다. 눈을 뜨자마자 제일 먼저 AI 스피커에 묻는 것이 있습니다. "오늘 날씨는 어때? (What's the weather like today?)" "지금 밖에 추운가? (Is it cold right now?)" "온도가 어떻게 되지? (What's the temperature?)" "비가 올 것 같아? (It is going to rain?)" "우산을 챙겨야 할까? (Should I carry an umbrella?)"

기본 문장 1	**"What's the weather like today?** 오늘 날씨는 어때?
	AI's Possible Answer : In Seoul today, there'll be scattered showers, with a forecast high of 4 and a low of - 2. It's currently 3 with haze. (오늘 서울은 약간의 소나기가 내릴 예정입니다. 최고 온도는 영상 4도, 최저 온도는 영하 2도입니다. 현재는 영상 3도이며, 안개가 낀 상태입니다.)

☞ "What is___ like?"는 "___ 가 어떠합니까?"란 의미로 질문할 때 쓰는 표현이죠. 사람을 주어로 잡아 "What is he/she like?"이라고 묻는다면 그 사람의 독특한 성격, 습관 등을 알고 싶은 것입니다. "What's the weather like?"란 질문을 하면 Google Home은 당일 날씨에 대한 전반적인 정보 (눈/비, 최고/최저 온도, 현재 온도)를 한꺼번에 설명 해 줍니다. 조금 더 구체적인 날씨 정보를 묻는 방법은 뒤에서 알려드리겠습니다.

☞ 문장 패턴 응용하기 ☞

▶ 오늘 날씨를 물어볼 때 :

➡ What **is** the weather like **today**?

▶ 미래의 날씨를 물어볼 때 :

➡ What **will** the weather be like 〈미래의 시점〉?

| (내일 날씨) | What **will** the weather be like | **tomorrow** [트마로으]? |

(모레 날씨)   **the day after tomorrow**

(주말 날씨)   **this weekend**

(다음주 날씨)   **next week**

(3일간 날씨)   **for the next 3 days**? (1~10 days)

(특정 요일 날씨)   **on Monday** (Monday ~ Sunday)
                          〈요일〉

(특정 날짜 날씨)   **on March 22**nd
                          〈월+일〉

(특정 장소 날씨)   **in New York City** (Paris, Busan, …)
                          〈장소- 도시명〉

(특정 장소+요일 날씨)   **in New York City on Monday**
                    〈장소- 도시명〉   〈요일〉

TIP

Google Home 앱으로 들어가서 [More Settings]➡ [Preference] ➡ [Weather] 순서대로 선택하면 안내되는 온도를 "화씨(Fahrenheit)"에서 "섭씨(Celsius)"로 변경할 수 있습니다.

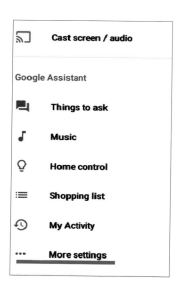

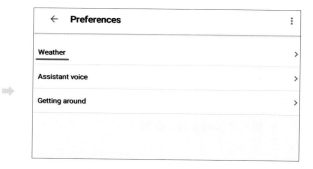

기본 문장 2	**"Is it cold outside?"** 지금 밖에 날씨가 추워?

AI's Possible Answer : No, it isn't cold in Seoul right now. It's 6 outside. (아니요, 지금 서울은 춥지 않습니다. 지금 밖은 영상 6도입니다.)

☞ 날씨 정보에 대해 구체적인 질문을 할 수 있습니다. 날씨가 맑은지 (sunny/cloudy) 눈이 오는지 (snowing/snowy) 바람이 많이 부는지 (windy) 등에 대해 날씨와 관련된 표현 활용해 다양한 기상 정보를 얻을 수 있습니다. 이때 주어는 비 인칭 주어인 'it'을 쓴다는 것을 잊지 마십시오.

✅ 문장 패턴 응용하기 ✅

▶ '현재'의 구체적인 날씨를 물어볼 때 : Is it **cold** outside? (지금 밖에 날씨가 추워?)

〈날씨를 나타내는 형용사〉

windy	바람 부는
warm	따뜻한
hot	더운
raining / rainy	비가 오는
snowing / snowy	눈이 오는
cloudy	구름이 낀
cold / chilly	추운

▶ '미래'의 구체적인 날씨를 물어볼 때 : Is it **going to** be cold **tomorrow**?

(내일 날씨가 추울까?)

Is it **going to** rain **tomorrow**?

(내일 비가 올까?)

TIP

구어체식 표현인 Is it gonna be ~?라고 말해도 잘 알아듣습니다.
[거나비]

▶ 눈/비가 언제 내릴지 물어볼 때 : When is it going to **rain** this week?

(금주 언제 비가 올까?)

When is it going to **snow** this week?

(금주 언제 눈이 올까?)

기본 문장 3	"What's the temperature now?" 지금 온도가 어떻게 되지?

 **AI's Possible Answer** : The temperature in Seoul right now is 8 degrees. (지금 서울은 영상 8도입니다.)

☞ 현재 실외 온도만 따로 질문할 수 있습니다. 앞서 설명해 드렸듯이 Google Home 앱 통해서 꼭 우리에게 익숙한 "섭씨 (Celsius)"로 설정해 주십시오.

✓ 문장 패턴 응용하기 ✓

▶ '현재'의 실외 온도를 물어볼 때 :

What is the temperature now **in Seoul**? (지금 서울의 온도가 어떻게 되지?)
〈도시명〉

in Tokyo
in New York City
in Toronto
In London?

▶ '미래'의 구체적인 날씨를 물어볼 때

What **will** the temperature be **this afternoon**? (오늘 오후에 온도가 어떻게 되지?)
〈미래의 시점〉

this evening	오늘 저녁
tonight	오늘 밤
tomorrow morning	내일 아침
tomorrow afternoon	내일 오후
tomorrow evening	내일 저녁
tomorrow night	내일 밤

▶ 습도(humidity)

What's the humidity [휴미디티] in Seoul **right now**?
현재 서울의 습도는 어떻게 되지?

What's the humidity [휴미디티] **going to be** in Seoul **tomorrow**?
내일 서울의 습도는 어떻게 되지?

▶ 눈/비

Should I carry **an umbrella** [엄브랠러] today?
오늘 우산을 들고 가야 할까?

Should I carry **a raincoat** [뢰인코웉] tomorrow?
내일 우비를 들고 가야 할까?

▶ 우산 (umbrella)

Should I carry **an umbrella** [엄브랠러] today?
오늘 우산을 들고 가야 할까?

도전 AI와의 실전 스피킹!

아래의 문장을 영어로 Google Home에게 말해 보세요.

1) 오늘 날씨가 어때?

2) 이번 주 금요일 날씨가 어떨 것 같아?

3) 이번 주말에 비가 내릴까?

4) 현재 서울의 습도가 어떻게 되지?

5) 오늘 우산을 들고 가야 할까?

Artificial Intelligence

4. 02 음악 감상 [오전 6:40]

　　J과장님은 이른 아침에 깨어나 날씨를 확인한 후에도 몸은 여전히 찌뿌둥하고 눈꺼풀은 무겁습니다. 잠이 다시 엄습해 오기 전에 Google Home에게 음악을 요청합니다. "괜찮은 클래식 음악 좀 틀어 줘." (Play some good classical music on YouTube.)음악을 듣다 보니 선율이 아름다워서 나중에 다시 듣고 싶습니다. 그래서 물어봅니다. "지금 어떤 곡이 나오는 것이지? (What song is playing?)

기본 문장 1	"Play classical music on YouTube." 클래식 음악을 틀어 줘
	AI's Possible Answer : Alright. Check out this classical music station on YouTube. (알겠습니다. 유튜브의 클래식 음악 스테이션에서 들려 주는 음악을 들어 보십시오.)

☞ Google Home을 통해 다양한 스트리밍 서비스를 사용하고 싶으신 분들은 YouTube Red에 가입할 것을 권장합니다. 한 달간 무료로 사용 가능하며 그 후에는 유료서비스(월 7900원)로 전환 됩니다. 무료 서비스를 원하시는 분들은 Google Music이나 Spotify Music을 고려해 볼 수 있겠지만 아쉽게도 이들은 아직 국내에서 정식 서비스를 제공하지 않습니다.

TIP YouTube Red의 서비스를 사용하기 위해서는 웹사이트 (www. youtube. com/red)에 방문하여 가입하시면 됩니다. Google Home 앱으로 로그인된 Gmail 아이디로 가입해야 서비스 연동할 수 있으니 이점 주의하십시오. 가입 후에는 Google Home 앱으로 들어가 "Music"을 고른 후에 "Your Music Services"에서 "YouTube Music"을 선택하셔야 합니다. 그러면 YouTube를 통해 음악을 재생하려고 명령할 때, 뒤에 굳이 "on YouTube"란 말을 덧붙이지 않고 "Play 〈곡명〉."라고 만 명령을 해도 자동으로 YouTube의 음악이 재생됩니다.

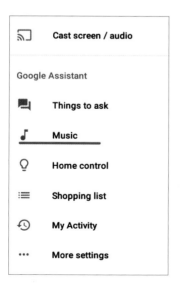

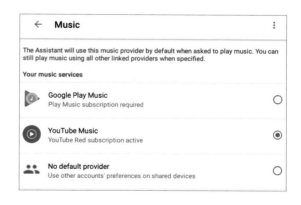

기본 명령어		
재생하기	"Play 〈장르〉 〈노래제목〉 〈앨범명〉 by 〈가수/뮤지션〉."	
멈추기	"Pause." [퍼z] "Stop."	"Pause the music." "Stop the music."
다시 재생하기	"Resume." [뤼z우음]	"Continue playing."
다음곡 재생하기	"Next."	"Next song."　　　"Skip."
반복 재생하기	"Replay the music."	
앞으로 넘기기	"Go ahead 〈시간〉."	Ex) Go ahead 1 minute.
뒤로 감기	"Go back 〈시간〉."	Ex) Go back 10 seconds.

☑ 문장 패턴 응용하기 ☑

▶ **특정 장르 음악 재생하기** : Play **classical** music. (클래식 음악을 틀어 줘.)
　　　　　　　　　　　　　　　　〈장르〉

(hard, slow, punk, alternative) rock	록
heavy metal [매를]	헤비메탈
dance	댄스
disco	디스코
ballad [밸럿]	발라드
R&B	R&B
hip hop	힙합
blues	블루스
(piano, trumpet) jazz	재즈
piano	피아노
gospel	가스펠
meditation	명상
K-pop	K팝
J-pop	J팝

▶ **특정한 감정을 일으키는 음악을 재생하기**: Play **happy** music. (즐거운 음악을 틀어줘.)

〈형용사- 감정〉

calm [캄]	차분한
sad	슬픈
emotional	감성적인
melancholic [맬른칼릭]	우울한
exciting	신나는
cheerful	명랑한
relaxing (or chill- out)	편안한
inspiring	영감을 주는
romantic	로맨틱한
funny	웃긴

TIP

감정+장르를 섞여서 음악을 요청 할 수 있습니다.

Ex) Play relaxing + piano music.

cheerful + rock

romantic + jazz

▶ **특정한 활동에 어울리는 음악 요청하기** : Play music for **cooking**. (요리를 위한 음악을 틀어 줘.)

〈활동〉

exercise (or workouts)	운동
sleeping	잠
driving	운전
yoga	요가
parities	파티
breakfast	아침 식사
lunch	점심 식사
dinner	저녁 식사

▶ 특정한 가수/뮤지션의 음악 요청하기(1) :

Play the album ⟨**Dangerous**⟩ by **Michael Jackson.**
〈앨범명〉　　〈가수/뮤지션 이름〉

⟨**Never Mind**⟩　　Nirvana

⟨**Love Scene**⟩　　Yiruma

⟨**Dark & Wild**⟩　　BTS

▶ 특정한 가수/뮤지션의 음악 요청하기(2) :

Play ⟨**Heal the World**⟩ by **Michael Jackson.**
　　〈곡명〉　　　　〈가수/뮤지션 이름〉

⟨**Smells Like Teen Spirit**⟩　　**Nirvana**

⟨**Autumn Scene**⟩　　**Yiruma**

⟨**Danger**⟩　　**BTS**

TIP 　Google Home의 경우 한국어에 대한 음성 인식률이 높지 않기 때문에 한국인 가수의 이름이나 노래가 영어로 되어 있는 경우에만 재생됩니다.
Ex) G- Dragon의 Good Boy / PSY의 Gangnam Style

 More Expressions

▶ **재생되는 음악의** 정보 **확인하기**

What **song** is playing? (어떤 노래가 재생되고 있지?)

What **artist** is playing? (어떤 뮤지션의 곡이 재생되고 있지?)

▶ 유튜브의 뮤직비디오를 TV로 재생하기

Play 〈Dangerous〉 by Michael Jackson **on my** TV.

※ Google Home을 TV와 연결하기 위해서는 반드시 Google의 제품인 크롬캐스트
(Chromecast)가 TV와 연결되어 있거나 크롬캐스트가 내장된 TV를 가지고 있어
야합니다. Google Home 앱에 YouTube Red에 로그인되어 있다면 YouTube에서
감상하고 싶은 동영상을 Google Home에게 명령하여 TV에 재생할 수 있습니다.
연결된 후에도 작동하지 않으면 TV의 외부 입력이 "HDMI"로 설정되어 있는지
확인하시기 바랍니다.

도전 AI와의 실전 스피킹!

아래의 문장을 영어로 AI 스피커에게 말해 보십시오.

1) 댄스 음악을 틀어 줘.

2) 조용한 피아노 음악을 틀어 줘.

3) 잠자기 위한 음악을 틀어 줘.

4) 싸이의 강남 스타일을 틀어 줘.

5) 마이클 잭슨의 〈Billy Jean〉 뮤직비디오를 TV에서 틀어 줘.

영어 뉴스 청취 [오전 7:30]

출근 전 아침 식사를 마친 J 과장님은 잠시 커피 한잔을 마시며 영어 뉴스 청취를 합니다. "CNN 뉴스를 들려줘.(Listen to CNN News.)"라고 말하면 불과 몇 시간 전에 정리된 Hot 한 최신 뉴스 브리핑을 들을 수 있습니다. 특히 미국 메이저리그 경기에 관심이 많은 J 과장님은 스포츠 뉴스만 따로 요청하기도 합니다. "스포츠 관련 최신 뉴스는 어떤 것이 있지? (What's the latest in sports?)" 일부 내용을 놓치거나 잘 이해가 안 되는 부분이 있으면 그 부분만 여러 번 다시 듣기도 가능합니다. "10초 전으로 돌아가 줘.(Go back 10 seconds.)"

기본 문장 1	**"Listen to CNN News."** CNN 뉴스를 들려줘.
	AI's Possible Answer : Here's the latest news - from CNN News briefing at 10:43 a. m. today. (최신 뉴스를 들려 드립니다 ? 금일 오전 10시 30분의 CNN News 브리핑)

☞ Google Home을 통해 여러 해외 방송국의 영어 뉴스를 손쉽게 청취할 수 있습니다. 영어 뉴스 청취 초보자라면 VOA Learning English부터 도전해 보십시오!

기본 명령어	
재생하기	"Listen to 〈뉴스 방송명〉." "Play 〈뉴스 방송명〉."
멈추기	"Pause." [퍼z] "Pause the news." "Stop." "Stop the new."
다시 재생하기	"Resume." [뤼z우음] "Continue playing."
반복 재생하기	"Rewind."
앞으로 넘기기	"Go ahead 〈시간〉." Ex) Go ahead 1 minute.
뒤로 감기	"Go back 〈시간〉." Ex) Go back 10 seconds.

☑ 문장 패턴 응용하기 ☑

▶ 영어 뉴스 방송 듣기 :

I want to listen to **NPR News**. (미국 공영 라디오 방송을 듣고 싶어.)

Could you play **NPR News**? (미국 공영 라디오 방송을 틀어 줄래?)

〈뉴스 방송명〉

TIP   중급자분들에게는 Arirang News를 추천합니다. 국내의 최근 이슈를 영어로 설명 해주기 때문에 내용을 이해하기가 훨씬 수월하실 것입니다.

CNN News
Fox News
ESPN Radio
CBS News
The Economist
CNBC
BBC Minute

BBC World Service

BBC Radio

ABC News

Arirang News [애뤼랭 뉴쓰]

VOA Learning English

TIP 초보자들에게는 VOA Learning English 방송을 추천합니다. 앵커가 영어 학습자들을 위해 쉽고 짧은 문장을 사용합니다. 그뿐만 아니라 일부로 천천히 또박또박 발음합니다. VOA Learning English 공식 웹사이트(learningenglish. voanews. com)에 방문하시면 각 기사별로 MP3 파일과 스크립트도 다운로드 받을 수 있으니 영어뉴스 청취에 관해 관심이 있는 초보 학습자들에겐 최고의 공부자료입니다.

▶ 영어 뉴스 TV로 보기 :

I want to watch **NPR News** on my TV. (미국 공영 방송을 TV로 보고 싶어.)

〈뉴스방송국〉

CNN News

ABC News

CBS News

ESPN News

BBC News

TIP ※ Google Home을 TV와 연결하기 위해서는 반드시 Google의 제품인 크롬캐스트 (Chromecast)가 TV와 연결되어 있거나 크롬캐스트가 내장된 TV를 가지고 있어야 합니다. Google Home 앱에 Youtube Red에 로그인되어 있다면 Youtube에서 감상하고 싶은 동영 상을 Google Home에게 명령하여 TV에 재생할 수 있습니다. 연결된 후에도 작동하지 않으면 TV의 외부 입력이 "HDMI"로 설정되어 있는지 확인해 보십시오.

기본 문장 2	**"What's the latest in sports?"** (스포츠 관련 최신 뉴스는 어떤 것이 있지?)

 AI's Possible Answer : Here' the latest sports news. (스포츠 관련 최신 뉴스를 들려 드립니다.)

☞ 특정 분야의 최신 뉴스를 마음껏 골라서 청취할 수 있습니다!

▶ **특정 분야의 최신 뉴스 듣기 :**

What's the latest [(을)레이리스] in **sports**? (스포츠 관련 최신 뉴스는 어떤 것이 있지?)
〈분야〉

technology [테크날르지]	기술
politics [팔르틱스]	정치
world	국제
business [비z니스]	비즈니스
science	과학
health	건강
art and lifestyle	예술과 생활
entertainment	연예

기본 문장 3	**"Go back 10 seconds."** (10초 전부터 다시 들려줘.)

☞ 이 문장은 뉴스청취를 할 때 매우 유용하게 사용됩니다. 놓치거나 이해가 되지 않는 부분이 있을 경우 여러번 반복 청취하세요.

▶ 다시 듣기 : Go back **10 seconds**. (10초 전부터 다시 들려줘.)

〈시간의 길이〉

5 seconds

1 minute

 More Expressions

- 미국 공영 라디오 방송 (NPR)의 최근 소식을 듣고 싶으시면 간단히 "Catch me up. (최신 뉴스를 내게 알려 줘.)"라고 명령하면 됩니다. *catch up : 최근 소식을 알리다

도전 AI와의 실전 스피킹!

아래의 문장을 영어로 AI 스피커에게 말해 보십시오.

1) CNN News를 들려줘.

2) ESPN News를 TV로 보고 싶어.

3) 정치 관련 최신 뉴스는 어떤 것이 있지?

4) 기술 관련 최신 뉴스는 어떤 것이 있지?

5) 7초 전부터 다시 들려줘.

Artificial Intelligence

달력(Calendar) 활용 [오전 8:00]

출근 직전 J 과장님은 하루의 주요 일정을 Google Home을 통해 Google Calendar에 입력합니다. "오늘 오전 10시 화상 회의를 입력해 줘.(Add an event called [video conference] at 10 a. m.)" "오후 2시에는 고객과의 미팅이 있어.(Schedule an event called [meeting with a client] at 2p. m.)" 그리고 Google Calendar에 입력한 금주 금요일 일정을 확인합니다. "금주 금요일에 어떤 일정이 있지? (What's on my calendar for Friday?)"

기본 문장 1	**"Add an event to my calendar."** 내 달력에 일정을 추가해 줘.

 AI's Possible Answer : What's the title of the event? (일정의 "제목"을 무엇으로 할까요?)

☞ 몇 마디 말로써 아주 간단히 새로운 일정을 Google Calendar에 입력할 수 있습니다! Google Home이 여러분의 개인 비서 역할을 해주는 거죠. 입력된 내용은 계정이 연동된 Google Calendar를 통해 확인 및 수정, 삭제할 수 있습니다.

※ 달력(Calendar) 기능을 사용하기 위해서는 3가지 준비를 해야 합니다.

(1) 핸드폰에 Google Assistant 앱을 설치하고 Google Home에 연결된 계정으로 로그인을 합니다.

※ Google Assistant는 안드로이드 6. 0 버전 이상에서 호환이 되니 이점 유의합니다.

(2) Personal results settings 하기
- 핸드폰의 Google Home 앱을 엽니다.
- 화면 왼쪽 위에 세 개의 가로선이 나란히 있는 부분을 눌러서 Menu가 뜨도록 합니다.
- "More Settings"을 누르시고 화면 중앙에 있는 "Device"를 선택합니다.
- "Personal Results"를 "on"으로 설정합니다.

(3- 1) Voice Match 하기 1 (혼자서 사용하는 경우)
- Google Home 앱의 "More Settings로 들어가서 "Device" 바로 위에 "Voice Match"를 선택합니다.
- 오른쪽 아래의 파란색 원안에 흰색 십자가 버튼을 누릅니다.
- 리마인더 기능을 수행할 Google Home을 선택하고 오른쪽 위의 "Continue" 버튼을 누릅니다.
- 다음 화면에서 오른쪽 아래의 "Continue" 버튼을 고르고 화면에서 지시하는 대로 "OK Google" "Hey Google"을 각각 2번씩 평상시 톤으로 발음해서 본인의 목소리를 녹음합니다. (*조금 번거로울 수 있지만, 사용자의 개인정보를 보호하기 위한 수단입니다. 타 사용자의 목소리로 명령할 경우 개인적인 일정이나 계획을 확인할 수 없습니다.)

(3- 2) Voice Match 하기 2 (여러 명이 같이 사용하는 경우)
- 핸드폰의 Google Home 앱을 엽니다.

- 화면 왼쪽 위에 세 개의 가로선이 나란히 있는 부분을 눌러서 Menu가 뜨도록 합니다.
- 화면 왼쪽 위에 로그인된 Gmail 계정을 클릭한 후 다른 사용자의 Gmail 계정으로 로그인 합니다.
- 다시 Google Home 앱 메인 페이지로 돌아가면 "Welcome Home"이란 환영 문구가 화면 상단에 뜨고 그 아래에 "Set up Voice Match"라는 공간이 있을 것입니다. 오른쪽에 파란색 마이크 버튼을 누르세요.
- "Meet your Google Assistant" 화면에서 오른쪽 아래의 "Next" 버튼 그리고 그다음 화면에서 "YES I'M IN"을 선택합니다.
- "Get Personal Results with Your Match" 화면에서 오른쪽 아래의 "Continue" 버튼을 화면에서 지시하는 대로 "OK Google" "Hey Google"을 각각 2번씩 평상시 톤으로 발음해서 본인의 목소리를 녹음합니다.

☑ 기본 대화 패턴 ☑

일정에 대한 모든 정보를 한꺼번에 한 문장으로 입력할 필요는 없습니다. 아래의 순서에 따라서 대화가 진행되기 때문에 〈제목〉〈날짜/요일〉〈시간〉에 관한 정보를 하나씩 차례대로 간단히 말하면 됩니다. AI와 대화를 주고받는 재미가 있는 기능이니 꼭 한번 활용해 보십시오.

나 : "Add [애드]an event [이V앤트] to my calendar."
　　내 달력에 일정을 추가해 줘.

AI : "What's the title of the event?"
　　제목을 무엇으로 할까요?

나 : "**Lunch with a client**"
　　　〈제목〉

고객과의 점심식사

AI : "Alright. When is the event?

알겠습니다. 언제로 예정되어 있죠?

나 : "**On Friday at 1p. m.**"
〈날짜/요일 + 시간〉

금요일 오후 1시

(※날짜/요일을 말하지 않으면 당일이나 익일로 입력됨)

AI : "Alright. 〈Lunch with a client〉 on Friday

at 1p. m. Do you want to save this?"

알겠습니다. 고객과의 점심식사

금요일 오후 1시 예정. 이렇게 저장할까요?

나 : "Yes, please!"

그렇게 해 줘!

AI : "OK. It's on your calendar."

알겠습니다. 달력에 표기되었습니다.

TIP Google Calendar에 기록된 일정은 음성 명령을 통해 수정 및 삭제가 불가능합니다. 스마트폰의 앱이나 컴퓨터를 통해 가능합니다.

※ 만약 "Add an event."라고 명령했을 때 Google Home이 "I couldn't verify your voice. So I can't add anything to your calendar. …(당신의 목소리를 확인할 수 없습니다. 그래서 당신의 달력에 어떤 것도 추가할 수 없습니다. …)"라는 답변을 한다면 Voice Match를 할 때의 목소리와 다른 톤의 목소리로 말을 해서 Google Home이 여러분의 목소리를 인식 못하는 것입니다. Voice Match를 할 때 반드시 평상시의 말할 때의 톤으로 녹음해야 하며, 인식을 못할 경우 다른 목소리 톤으로 여러 번 다시 시도해 보십시오. 여러 번 시도 후에도 인식을 못할 경우 Google Home 앱으로 들어가 Voice Match를 다시 해야 합니다.

☑ 문장 패턴 응용하기 ☑

▶ 제목 한 번에 입력하기 :

Add an event called 〈meeting with a client〉. (〈고객과의 미팅〉이란 제목으로 일정을 추가해 줘.)
　　　　　　　　　　　〈제목〉

video conference	화상회의
presentation	발표
employee training	사내교육
business trip	출장
staff dinner	회식
report submission	보고서 제출
doctor's appointment	진료 예약

▶ 날짜/요일 + 시간 정보 한 번에 입력하기 :

Add an event on Saturday at 2p. m. (금주 토요일 오후 2시에 일정을 추가해 줘.)
　　　　　〈날짜/요일 + 시간〉

today at 10a. m.	오늘 오전 10시
tomorrow at 1p. m.	내일 오후 1시
on Friday at 5p. m.	금주 오후 5시
next Friday at 5p. m.	차주 오후 5시

기본 문장 2	**"What's on my calendar for Friday?"** 이번 주 금요일에 어떤 일정이 있지?

 AI's Possible Answer : AI's Possible Answer : Your calendar has two events on Friday. The first one is on the 2nd at 10a. m. And its title is 〈video conference〉. Second, on the 2nd at 1p. m. you have 〈doctor's appointment〉. (금요일에 2개의 일정이 있습니다. 첫 번째 일정은 2일 오전 10시에 잡혀 있고, 제목은 〈화상회의〉입니다. 두 번째 일정은 2일 오후 1시에 [진료 예약]이 있을 예정입니다.

☞ Google Calendar에 입력된 내용을 Google Home의 음성으로 확인할 수 있습니다. 스마트폰 앱이나 컴퓨터를 통해 입력한 일정도 같이 안내합니다.

✅ 문장 패턴 응용하기 ✅

▶ 일정 확인하기

What's on my calendar for **Friday**? (금주 금요일에 어떤 일정이 있지?)
〈요일/날짜〉

today	오늘
tomorrow	내일
next Friday	차주 금요일
this week	금주 전체
next week	차주 전체
March 2nd	3월 2일
the 2nd	2일 (해당하는 달)

What's my next event (meeting)? (바로 다음 일정은 무엇이지?)
What's my first event (meeting) for tomorrow? (내일 첫 번째 일정은 무엇이지?)

도전 AI와의 실전 스피킹!

아래의 문장을 영어로 AI 스피커에게 말해 보십시오.

1) 내 달력에 일정을 추가해 줘.
2) [출장]이란 제목으로 일정을 추가해 줘.
3) 내일 오전 10시에 일정을 추가해 줘.
4) 금주 토요일에 어떤 일정이 있지?
5) 바로 다음 일정은 무엇이야?

팟캐스트/라디오 청취 [오전 10:00]

J 과장님의 아내인 K 주부님에게 Google Home은 최고의 DJ입니다. 설거지와 청소를 할 때 손으로 조작할 필요 없이 간단한 영어 몇 마디로 좋아하는 올드 팝송, 재즈 음악, 클래식 음악 등을 마음껏 들을 수 있게 되었습니다. 요새는 Google Home을 통해 음악뿐만 아니라 영국 국영방송 BBC에서 제작하는 영어학습 팟캐스트 방송 〈6 Minute English〉를 청취합니다. 또한 미국에서 가장 인기 있는 라디오 쇼인 〈This American Life〉를 청취하며 미국 문화에 대한 이해를 넓혀 가고 있습니다. 무엇보다도 Google Home이 생긴 후부터 영어 공부하는 모습을 엄마로서 아이들에게 보여 줄 수 있음이 가장 즐거우신 것으로 보입니다.

기본 문장 1	**"Listen to 〈6 Minute English〉."** 〈6 Minute English〉를 들려줘.
	AI's Possible Answer : AI's Possible Answer : Sure, here's the latest episode of 〈6 Minute English〉. (네, 가장 최근 방송된 에피소드를 들려 드립니다.)

☞ AI 스피커를 통해 영어 팟캐스트 방송을 마음껏 청취하십시오.

기본 명령어			
재생하기	"Play 〈팟캐스트 방송명〉." "Listen to 〈라디오 방송명〉."		
멈추기	"Pause." [퍼z] "Stop."	"Pause the podcast." "Stop the podcast."	
다시 재생하기	"Resume." [뤼z우음]	"Continue playing."	
다음 에피소드 듣기	"Next."	"Next episode."	"Skip."
이전 에피소드 듣기	"Previous."	"Previous episode."	
반복 재생하기	"Replay the episode."		
앞으로 넘기기	"Go ahead 〈시간〉."	Ex) Go ahead 1 minute.	
뒤로 감기	"Go back 〈시간〉."	Ex) Go back 10 seconds.	

☑ 문장 패턴 응용하기 ☑

▶ *팟캐스트 방송 듣기 :

I want to listen to 〈**6 Minute English**〉. (미국 공영 라디오 방송을 듣고 싶어.)

Could you play 〈**6 Minute English**〉? (미국 공영 라디오 방송을 틀어 줄래?)
　　　　　　　〈팟캐스트 방송명〉

추천 영어 학습 팟캐스트

〈6 Minute English〉

- BBC에서 제작하는 6분 분량의 영어 학습 방송입니다. 일상생활 속의 여러 주제에 대해 진행자 2명이 토론을 하며 각 주제와 관련된 여러 유용한 어휘들을 소개해 줍니다. (http://www. bbc. co. uk/programmes/p02pc9tn)

〈The English We Speak〉

- 3~4분 정도 길이의 짧은 에피소드로 구성되어 있어 시간에 대한 부담 없이 청취할 수 있습니다. 매 에피소드를 통해 구어체로 사용되는 영어 회화 표현 1개를 구체적으로 다룹니다. (http://www. bbc. co. uk/programmes/p02pc9zn)

〈Splendid Speaking〉

- 공인 영어 시험인 IELTS 스피킹 시험을 준비하는 분들은 이 방송을 꼭 한번 들어 보십시오. 실제 IELTS 스피킹 시험에 출제되는 질문에 대한 학습자의 녹음된 답변을 들어 보고, 전문가가 구체적인 피드백을 제공하는 형식으로 진행됩니다. (http://splendidspeaking. podomatic. com)

〈Business English Pod〉

- 비즈니스 영어를 전문적으로 다루는 방송입니다. 미팅(business meeting), 발표(presentation), 협상(negotiation)등 실제 비즈니스 환경에서 쓰이는 전문성이 높은 영어를 공부할 수 있습니다. (https://www. businessenglishpod. com)

추천 시사 교양 팟캐스트

〈This American Life〉

미국에서 가장 인기 있는 주간 라디오 프로그램 중 하나입니다. 현시대를 살아가는 중산층 미국인들의 삶에 대한 다채로운 주제 (ex) 교육, 문화, 건강, 여행, 정치, 스포츠 등)를 다루는 프로그램이기에 영어 청취력뿐만 아니라 미국 문화를 이해하는데 많은 도움을 줄 수 있습니다. 웹사이트 (https://www. thisamericanlife. org)에 방문하시면 에피소드별로 스크립트를 다운받을 수 있으니 이런 점도 꼭 활용하시기 바랍니다.

〈Here's the thing〉

할리우드 영화배우 앨릭 볼드윈이 진행하는 라디오 프로그램입니다. 유명 배우, 예술가, 사업가, 정치인 등을 게스트로 초대하여 그들의 삶과 생각에 대해 인터뷰하는 형식으로 진행됩니다. 철학적이고 심오한 주제에 대한 대화가 오가기 때문에 상급자분들께 추천해 드립니다.

〈60- Second Science〉

170년의 역사를 지닌 인기 과학 잡지 "Scientific American"이 제작하고 있는 팟캐스트 프로그램입니다. 각 에피소드별로 천문학, 생물학, 물리학, 의학 등의 과학적 주제에 대해 약 2분에서 3분간 간략하지만, 원리를 충실하게 설명하는 형식으로 진행됩니다. 이공계 분야의 영어 표현과 상식을 늘리고 싶으신 분들께 추천해 드리고 싶습니다. 웹사이트 (https://www. scientificamerican. com/podcasts)에서 에피소드별로 스크립트를 제공합니다.

〈TED Radio Hour〉

세계 최고의 인기 강연회가 된 TED에서 자주 다뤄진 행복, 성공, 미래, 기술 등의 주제에 대해 심층적으로 토론하는 프로그램입니다. 심리학자, 사회학자, 경제학자 등이 프로그램에 출연합니다.

<추천 음악 팟캐스트>

〈The Great Composers Podcast〉

바이올린 연주가 캐빈 노드스트롬을 통해 바흐, 베토벤, 모차르트 등의 클래식 작곡가 거장들의 삶에 대해 알아보고 그들이 남긴 대표곡 들을 감상하는 프로그램입니다.

〈Piano Jazz Shorts〉

재즈 피아니스트 마리안 맥파트랜드와 세계적으로 유명한 재즈 뮤지션들과의 대화 그리고 그들의 즉흥 연주를 들어 볼 수 있습니다.

〈Pop Shop Podcast〉

주간 빌보드 차트 상위권에 오른 곡들과 최신 팝 음악에 대한 DJ들의 톡톡 튀는 입담을 즐길 수 있습니다.

〈Alternative Facts Podcast〉

얼터너티브 록, 펑크록, 브릿팝 팬이라면 꼭 한번 청취해 보십시오.

기본 문장 2	"Play CBC Radio Two." 캐나다 국영방송 제2라디오를 틀어 줘.

 AI's Possible Answer : OK. Here's CBC Radio Two on TuneIn. (알겠습니다. Tune In을 통해 CBC 뮤직 밴쿠버 방송을 들려 드립니다.)

☞ TuneIn과 iHeartRadio를 통해 제공되는 실시간 인터넷 영어 라디오 프로그램을 청취해 봅니다.

기본 명령어		
재생하기	"Play 〈라디오 방송국〉." Ex) Play CBC Radio Two. "Play 〈라디오 주파수〉 〈지역〉" Ex) Play 105. 7 FM, Vancouver.	"Listen to 〈라디오 방송국〉." Listen to CBC Radio Two. "Listen to 〈라디오 주파수〉 in 〈지역〉" Listen to 105. 7 FM, Vancouve
멈추기	"Pause." [퍼z] "Stop."	"Pause the podcast." "Stop the podcast."
다시 재생하기	"Resume." [뤼z우음]	"Continue playing."

☑ 문장 패턴 응용하기 ☑

▶ 라디오 방송 듣기 :

I want to listen to 〈CBC Radio Two〉. (캐나다 국영방송 제2라디오를 듣고 싶어.)

Could you play 〈CBC Radio Two〉? (캐나다 국영방송 제2라디오를 듣고 싶어.)
　　　　　　　　　〈라디오 방송국〉

I want to listen to 105. 7 FM, Vancouver. (캐나다 국영방송 1을 듣고 싶어.)

Could you play 105. 7 FM, Vancouver? (캐나다 국영방송 1을 틀어 줄래?)
　　　　　　　　〈주파수, 지역〉

TIP　실시간 청취 가능한 인터넷 라디오 방송은 튠인(TuneIn)과 iHeartRadio 웹사이트를 통해 확인할 수 있습니다.

	방송국	[주파수, 지역]
미국 라디오 방송국	ESPN Radio	[98. 7 FM, New York]
	Boston's Local NPR	[89. 7 FM, Boston]
	KQED	[88. 5 FM, San Francisco]
캐나다 라디오 방송국	CBC Radio One	[690 AM, Vancouver]
	CBC Radio Two	[105. 7 FM, Vancouver]
	CKNW	[980 AM, Vancouver]
	CKWX	[1130 AM, Vancouver]
	Jack FM	[96. 9 FM, Vancouver]
영국 라디오 방송국	BBC Radio London	[94. 9 FM, London]

> 진실로 하루가 새로웠다면
> 날마다 새롭게 하고, 또 날로 새롭게 하라.
> - 공자(孔子) 〈대학(大學)〉 -

리마인더 활용(Reminder) [11:00]

K 주부님의 일상은 늘 분주합니다. 가정 살림, 자녀 교육, 그리고 최근 시작한 부업일까지 하다 보면 중요한 일을 깜빡할 때가 자주 있습니다. 그러나 요새는 Google Home의 도움으로 그런 일이 많이 줄어들었습니다. "30분 있다가 내게 빨래하라고 알려 줘.(Remind me to do the laundry in 30 minutes." "오후 1시에는 내게 약 먹는 것 잊지 말라고 말해 줘.(Remind me to take medicine at 1:00 p.m.)" "오후 2시에는 큰 애 데리러 나갈 시간이라고 상기시켜 줘." (Remind me to go out to pick up my older kid from school." 이렇게 Google Home에게 부탁해 놓으면 안심됩니다. 그리고 30분 후에 벨 소리가 울립니다. "딩동♪ ♬ K 님에게 알려 드릴

것이 있습니다. 11시 30분 빨래하기로 되어 있는 것 잊지 마세요.(I have a reminder for Ms. K. 〈Do the laundry〉 at 11:30 a.m.)"

◀ 11시 30분 "빨래하기"

기본 문장 1	**"Remind me to do the laundry in 30 minutes."** 30분 있다가 빨래하라고 알려 줘.

 AI's Possible Answer : OK. I will remind you at 11:30 a. m. (알겠습니다. 오전 11시 30분에 알려 드릴께요.)

☞ AI 스피커가 여러분의 친절한 개인 비서 역할을 해줍니다. 잊지 말고 꼭 해야 할 일이 있다면 특정 시간에 알람 소리와 함께 상기(remind)시켜 달라고 부탁해 봅니다.

※ 달력(Calendar) 기능을 사용하기 위해서는 3가지 준비를 해야 합니다.

(1) 핸드폰에 Google Assistant 앱을 설치하고 Google Home에 연결된 계정으로 로그인을 합니다.
* Google Assistant는 안드로이드 6. 0 버전 이상에서 호환이 되니 이점 유의합니다.

(2) Personal results settings 하기
  - 핸드폰의 Google Home 앱을 엽니다.
  - 화면 왼쪽 위에 세 개의 가로선이 나란히 있는 부분을 눌러서 Menu 가 뜨도록 합니다.
  - "More Settings"을 누르고 화면 중앙에 있는 "Device"를 선택합니다.
  - "Personal Results"를 "on"으로 설정합니다.

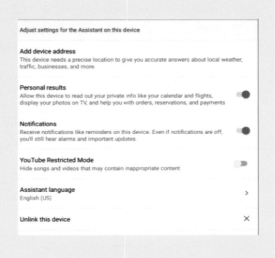

(3) Voice Match 하기 1 (혼자서 사용하는 경우)
- Google Home 앱의 "More Settings로 들어가서 "Device" 바로 위에 "Voice Match"를 선택합니다.
- 오른쪽 아래의 파란색 원안에 흰색 십자가 버튼을 누릅니다.
- 리마인더 기능을 수행할 Google Home을 선택하고 오른쪽 위의 "Continue" 버튼을 누릅니다.
- 다음 화면에서 오른쪽 아래의 "Continue" 버튼을 고르고 화면에서 지시하는 대로 "OK Google" "Hey Google"을 각각 2번씩 평상시 톤으로 발음해서 본인의 목소리를 녹음합니다. (*조금 번거로울 수 있지만 사용자의 개인정보를 보호하기 위한 수단입니다. 타 사용자의 목소리로 명령할 경우 개인적인 일정이나 계획을 확인할 수 없습니다.)

(3- 2) Voice Match 하기 2 (여러 명이 같이 사용하는 경우)
- 핸드폰의 Google Home 앱을 엽니다.
- 화면 왼쪽 위에 세 개의 가로선이 나란히 있는 부분을 눌러서 Menu가 뜨도록 합니다
- 화면 왼쪽 위에 로그인된 Gmail 계정을 클릭한 후 다른 사용자의 Gmail 계정으로 로그인 합니다.
- 다시 Google Home 앱 메인 페이지로 돌아가면 "Welcome Home"이란 환영 문구가 화면 상단에 뜨고 그 아래에 "Set up Voice Match"라는 공간이 있을 것입니다. 오른쪽에 파란색 마이크 버튼을 누릅니다.
- "Meet your Google Assistant" 화면에서 오른쪽 아래의 "Next" 버튼 그리고 그다음 화면에서 "YES I'M IN"을 선택합니다.
- "Get Personal Results with Your Match" 화면에서 오른쪽 아래의 "Continue" 버튼을 화면에서 지시하는 대로 "OK Google" "Hey Google"을 각각 두 번씩 평상시 톤으로 발음해서 본인의 목소리를 녹음합니다.

☑ 기본 대화 패턴 ☑

달력(Calendar) 기능과 마찬가지로 모든 정보를 한꺼번에 한 문장으로 입력할 필요는 없습니다. 아래의 순서에 따라서 대화가 진행되기 때문에 〈활동〉 〈시간〉에 관한 정보를 하나씩 차례대로 간단히 말해도 됩니다. AI와 대화를 주고받는 재미가 있는 기능이니 한번 꼭 활용해 봅니다.

나 : "Set a reminder [뤼마인더]."

　내게 한가지 상기시켜 줘.

AI : "What's the reminder?"

　무엇에 관한 것이죠?

나 : "**Do the laundry.**"
　〈활동〉 빨래하기

AI : "When do you want to be reminded?

　알겠습니다. 언제로 예정되어 있죠?

나 : "**In 30 minutes**" / "**11:30 a. m.**"
　〈~분/시간 후에〉 〈시각〉 **30분 후/오전 11시 30분**
　(※날짜/요일을 말하지 않으면 당일로 입력됨)

AI : "Alright. I will remind you at 11:30 a. m.

　알겠습니다. 11시 30분에 알려 드리겠습니다.

TIP [in +시간의 길이]는 "~후에"라는 뜻입니다. 예를 들어 "1시간 후에"라고 말하고 싶으면 "in an hour"라고 말합니다.

〈30분 후 (오전 11시 30분)〉

AI : 🎵 ♪ There is a reminder for 〈사용자 이름〉

(※Google Home의 경우 벨 소리와 함께 불빛이 한 개 켜 짐)

나 : Hey Google. What's up?

구글. 무슨 일이지?

AI : I just wanted to let you know that you have a reminder. 〈Do the laundry〉 at 11:30

a. m.

한가지 상기시켜 드릴 것이 있어서요. 오전 11시 30분 빨래합니다.

⊗ 문장 패턴 응용하기 ⊗

▶ 일정 확인하기

What's on my calendar for Friday? (금주 금요일에 어떤 일정이 있지?)

〈요일/날짜〉

today	오늘
tomorrow	내일
next Friday	차주 금요일
this week	금주 전체
next week	차주 전체
March 2nd	3월 2일
the 2nd	2일 (해당하는 달)

▶ 한 번에 활동과 시간 입력하기 :

Remind me to do **the laundry** [런쥬리] in **30 minutes.** (30분 후에 나에게 빨래하라고 알려 줘.)
〈활동〉〈시간의 길이〉

at **11:30 a. m.** (오전 11시 30분에 나에게 빨래하라
고 알려 줘.)

hang the laundry	빨래를 널다
fold the laundry	빨래를 개다
put clothes in the dryer	빨래를 건조기에 넣다
drop off my coat at the dry cleaners	세탁소에 코트를 맡기다
pick up my coat at the dry cleaners	세탁소에서 코트를 찾다
wash the dishes	설거지를 하다
clean up the house	집안 청소를 하다
vacuum the living room	진공청소기로 거실 청소를 하다
go grocery- shopping	장보러 가다
turn off the gas stove	가스레인지를 끄다
turn down the gas stove	가스레인지 온도를 낮추다
water the indoor plants	실내 화초에 물을 주다
send a text message	문자 메시지를 보내다
go out for dinner	저녁 외식하러 나가다
turn off the lights	전등을 끄다
take medicine	약을 먹다
make a doctor's appointment	진료 예약을 하다
go out to pick up my older kid from school	큰아이를 학교에서 데리고 오다
check my younger kid's homework	작은 아이 숙제 검사를 한다

TIP 매일 같은 시간에 같은 내용의 리마인더를 받고 싶으시면 시간 앞에 "everyday"라고 합니다. Ex) Remind me to do the laundry **every day** at 11:30 a. m.

기본 문장 2	**"What are my reminders for today?"** 내가 오늘 기억해야 할 것이 뭐지?

 AI's Possible Answer : OK. You have 3 reminders. 〈Do the laundry〉 today at 11:30 a. m. 〈Take medicine today at 1:00 p. m.〉 〈Go out to pick my older kid from school〉 today at 2:00 p. m. (네. 3가지 기억해야 할 것이 있습니다. 오전 11시 30분에 빨래하기. 오후 1시에 약 먹기. 오후 2시에 큰아이 학교에서 픽업하기.)

☞ Google Home에 입력한 리마인더(Reminder)를 언제든지 확인해 볼 수 있습니다.

☑ 문장 패턴 응용하기 ☑

▶ 입력된 리마인더 확인하기

What are my reminders for <u>today</u>? (금주 금요일에 어떤 일정이 있지?)

〈요일/날짜〉

today	오늘
tomorrow	내일
next Friday	차주 금요일
this week	금주 전체
next week	차주 전체
March 2nd	3월 2일
the 2nd	2일 (해당하는 달)

TIP

"Voice Match"를 통해 녹음했을 때의 목소리와 다른 톤의 목소리로 위의 질문을 하면 Google Home이 다음과 같이 말하며 답변하기를 거부합니다. "Actually, I need permission before I can answer personal questions about you. To change your settings, just open the Google Home app on your phone. Once that's done, ask me again. (사실, 당신에 대한 개인적인 질문에 대답하기 전에 허락이 필요합니다. 당신의 설정을 변경하기 위해서는, Google Home 앱을 엽니다. 설정이 변경된 후에 저에게 다시 질문하시기 바랍니다.) 동일 사용자가 말할 때도 위와 같은 이유로 답변을 거부한다면 목소리의 톤을 바꿔 가면서 계속 다시 시도해 봅니다.

▶ **특정한 리마인더의 시간 확인하기**

When is my reminder to **do the laundry**?
〈입력한 "활동"〉

take medicine

pick up my older kid from school

 More Expressions

▶ 리마인더 지우기

Cancel all my reminders.
입력된 모든 리마인더를 삭제해 줘.

Cancel my reminders for **today**.
오늘 알려 주기로 되어 있는 리마인더를 전부 삭제해 줘.

Cancel the reminder to **do the laundry**.
〈빨리하기〉로 입력한 리마인더를 삭제해 줘.

아래의 문장을 영어로 AI 스피커에 말해 보십시오.

1) 10분 후에 청소해야 한다고 알려 줘.

2) 오늘 오후 5시에 어머니에게 전화해야 한다고 알려 줘.

3) 이번 주 금요일 6시에 외식해야 한다고 알려 줘.

4) 내가 오늘 기억해야 할 것이 뭐지?

5) 내일 알려 주기로 되어 있는 리마인더를 전부 삭제해 줘.

"

겸손한 자만이 다스릴 것이요, 애써 일하는 자만이 가질 것이다.

- 에머슨 〈보스턴 찬가〉 -

Artificial Intelligence

운동/명상 [오전 11:30]

다이어트와 건강에 관심이 많은 K 주부님은 집 근처에 여러 헬스클럽이 있지만, 본인의 불규칙한 스케줄 때문에 회원 등록을 늘 망설이십니다. 그래서 대신 시간이 잠깐씩 날 때마다 Google Home의 피트니스 프로그램을 통해 집에서 기본 근력 운동과 허리와 골반을 집중적으로 강화하는 핵심 근육 (core muscle) 운동을 하십니다. 또한 스트레스를 많이 받아 마음이 불안하거나 편두통이 있을 때는 Google Home의 명상 프로그램을 활용하여 몸과 마음의 긴장을 풀기도 합니다.

기본 문장 1	**"Let's start the 7- minute workout."** 7분 운동을 시작하자.
	AI's Possible Answer : Sure! For that, you might like talking to Fitstar. Wanna give it a try? (좋습니다! 그것을 하기 위해서는 Fitstar와의 연결을 원하실 것 같네요. 한번 해보시겠습니까?)

☞ Fitstar는 집에서 혼자 운동할 수 있는 짧은 피트니스 프로그램입니다. Google Home이 "Wanna give it a try?"라고 물어봤을 때 "Yes."라고 대답하시면 "OK. Let's get Fitstar."라고 하며 Fitstar 프로그램으로 연결됩니다.

▶ Fitstar 7 Minute Workout은 아래의 동작들로 구성되어 있습니다.

(1) Jumping Jacks (팔벌려뛰기)

(2) Wall Squat Hold (벽 스쿼트)

(3) Pushups (팔굽혀펴기)

(4) Crunches (복근 운동)

(5) Step Ups (스텝 업)

(6) Bodyweight Squats (맨몸 스쿼트)

(7) Bench Dips (삼두근 팔굽혀펴기 운동)

(8) Elbow Plank (팔꿈치 플랭크)

(9) High Knees (다리 운동)

(10) Lunges (하체 운동)

(11) Side Plank Pushups (사이드 플랭크 팔굽혀펴기)

(12) Side Plank (사이드 플랭크)

☞ 매번 새로운 동작으로 넘어갈 때마다 Fitstar의 피지컬 트레이너는 "Want instructions? Or ready to begin?"이라고 물어보는데 이때 "Instructions."라고 대답하면 영어로 동작을 자세히 설명해 주고 "Ready."라고 대답하면 바로 음악과 함께 운동 프로그램이 시작됩니다.

☞ 각 동작을 정확히 하는 방법을 알고 싶다면 YouTube에 올라와 있는 "Fitstar 7 Minute Workout Full Video" 영상을 찾아봅니다.

기본 문장 2	**"Talk to ⟨5- minute Plank⟩."** 5분 플랭크와 연결해줘.

 AI's Possible Answer : OK. Let's get ⟨5- minute Plank⟩. (5분 플랭크 운동 프로그램과 연결해 드립니다.)

☞ 플랭크 운동은 집에서 간단히 할 수 있는 대표적인 코어 운동입니다. 우리가 초등학생 시절 선생님께 벌 받을 때 자주 하던 '업드려뻗쳐' 자세를 유지하여 복근을 강화하는 동작입니다. 얼핏 보기에 단순한 동작 같지만 제대로 된 플랭크 자세로 30초씩 5세트만 해도 운동 효과가 엄청납니다. 처음 하시는 분들은 다음 날 아침 복근과 척추가 욱신거리는 현상을 겪을 수 있으니 주의하십시오.

☞ 5- minute Plank 프로그램으로 연결되면 피지컬 트레이너가 "Welcome to 5- minute Plank Workout. Take a push- up position and say 'ready' to start."라고 말할 것입니다. 이때 "Ready!" 라고 대답해 주십시오.

▶ 5- minute Plank Workout은 아래의 동작들로 구성되어 있습니다.

　(1) Full Plank

　(2) Elbow Plank

　(3) One-Leg Plank

　(4) Side Plank

☞ 각 동작을 정확히 하는 방법을 알고 싶다면 인터넷을 통해 검색해 위의 용어들을 보십시오. 플랭크 운동은 요새 상당히 보편화 되어 있는 코어 운동 동작이라 사진을 포함해 많은 정보를 인터넷에서 얻을 수 있습니다.

기본 문장 3	"Talk to 〈Headspace〉." Headspace와 연결해줘.

 AI's Possible Answer : OK. Let's get 〈Headspace〉. (Headspace와 연결해 드립니다.)

☞ Headspace는 현대인을 위한 명상 프로그램을 전문적으로 개발하는 회사입니다. 위의 문장을 Google Home에게 말하면 Headspace에서 개발한 프로그램으로 연결되며 Andy란 남성분의 다음과 같은 인사말을 들을 수 있습니다. "Hi. My name is Andy. Welcome to Headspace. Using proven meditation and mindfulness techniques, I will show you how to train your mind for a healthier, happier and more enjoyable life." (안녕합니다. 제 이름은 앤디 입니다. Headspace에 오신 것을 환영합니다. 검증된 명상법과 마음 챙김 수련방법을 통해 여러분이 더욱 건강하고, 행복하고, 즐거운 삶을 살 수 있도록 도와 드릴 것입니다.)

▶ Headspace의 명상 프로그램은 크게 3가지가 있습니다. 이 중에서 한 개를 선택하셔야 됩니다.

(1) Wake up (깨어나기) : 일과 시작 전에 정신을 맑게 하도록 도와 줌.

(2) Take a moment (잠깐 쉬기) : 바쁜 일상 속에서 짧은 휴식을 취할 수 있도록 해 줌.

(3) Unwind (긴장 풀기) : 하루 일과를 마치고 몸과 마음의 긴장을 내려놓을 수 있도록 유도 해 줌.

☞ 각각의 프로그램은 약 2분 동안 짧게 영어로 진행이 되며 주로 호흡법과 마음 챙김(Mindfulness) 훈련을 통해 몸과 마음을 자각하며 긴장을 풀 수 있도록 해줍니다.

Artificial Intelligence

타이머 (Timer) 활용 [오전 12:00]

K 주부님은 요리할 때 종종 Google Home의 타이머 기능을 사용합니다. 파스타를 삶을 때 쫄깃한 면발을 만들기 위해서는 삶는 시간이 너무 짧거나 길면 안되죠. K주부님은 정확히 9분 동안 삶습니다. "〈파스타 삶기〉란 이름으로 타이머를 9분으로 맞춰 줘. (Set a timer for 9 minutes for 〈cooking pasta〉)" 기다리는 중간에 9분이 다 되기까지 얼마의 시간이 남았는지도 확인 가능합니다. "몇 분 남았어? (How much time is left for 〈cooking pasta〉?)"

기본 문장 2	**"Set a timer for 9 minutes."** 타이머를 9분에 맞추어 줘.
	AI's Possible Answer : OK. 9 minutes. Starting now! (알겠습니다. 9분. 지금 시작합니다!)

☞ 타이머 기능은 리마인더(Reminder)와 유사하지만 조금 더 단순한 명령어로 사용할 수 있다는 장점이 있습니다. 또한 세팅한 시간이 되었을 때 벨 소리가 훨씬 크게 울리고 사용자가 "Stop"이라고 지시를 내릴 때까지 멈추지 않습니다. 그래서 요리를 할 때 혹은 반드시 잊지 않고 해야 할 일이 있을 때 활용해 보십시오.

☑ 기본 대화 패턴 ☑

리마인더 (Reminder) 기능과 마찬가지로 모든 정보를 한꺼번에 한 문장으로 입력할 필요는 없습니다. 아래의 순서에 따라서 〈목적〉〈시간〉을 입력하면 됩니다.

나 : "Set a timer (for cooking pasta)."

　　(타이머를 맞춰 줘.)

AI : "Alright. For how long?"

　　(알겠습니다. 몇 분(시간)으로 맞출까요?)

나 : "**for 9 minutes.**"

　　　　〈시간〉

　　(9분으로 맞춰 줘.)

AI : "OK. 9 minutes. Here we go!"

　　(알겠습니다. 9분입니다. 지금 시작합니다!)

☑ 문장 패턴 응용하기 ☑

▶ **한 번에 목적과 시간 입력하기 :**

Set a timer for 〈<u>cooking pasta</u>〉 for 9 minutes. (〈파스타 삶기〉란 이름으로 타이머를 9분
　　　　　　　　〈명칭〉　　　　　〈시간의 길이〉

으로 맞추어 줘.)

boiling eggs	달걀 삶기	10 minutes	10분
baking bread	빵 굽기	30 minutes	30분
exercise	운동	1 hour	1시간

a test	시험	2 hours	2시간
a break	휴식		

for **11:50 a. m.** (오전 11시 50분으로 타이머를 맞춰 줘.)
〈시각〉

1:00 p. m	오후 1시
tomorrow 7 a. m.	내일 오전 7시

기본 문장 2	**"How much time is left on 〈cooking pasta〉?"** 파스타 다 삶기까지 시간이 얼마나 남았지?

 AI's Possible Answer : "2 minutes and 4 seconds left." (2분 4초 남았습니다.)

☞ 타이머를 맞춘 후 중간에 남은 시간을 확인하고 싶다면 위와 같이 질문해 보십시오.

☿ 문장 패턴 응용하기 ☿

▶ 남은 시간 확인하기 :

How much time is left on 〈**cooking pasta**〉? (파스타 다 삶기까지 얼마나 남았지?)
〈명칭〉

caking bread	빵 굽기
boiling eggs	달걀 삶기
exercise	운동
a test	시험
a break	휴식

More Expressions

▶ 중간에 타이머 멈추기 "Pause[퍼z] the timer"

▶ 타이머 다시 켜기 "Resume[뤼z우음] the timer"

▶ 타이머 지우기

"Cancel all the timers.

(입력된 모든 타이머를 삭제해 줘.)

"Cancel the timer called 〈cooking pasta〉"

(〈파스타 삶기〉로 명칭 된 타이머를 취소해 줘.)

도전 AI와의 실전 스피킹!

아래의 문장을 영어로 AI 스피커에게 말해 보십시오.

1) 타이머를 5분으로 맞춰 줘.

2) 타이머를 2시간을 맞춰 줘.

3) 〈달걀 삶기〉란 이름으로 타이머를 30분으로 맞춰 줘.

4) 〈달걀 삶기〉란 이름의 타이머는 시간이 얼마나 남았지?

5) 〈달걀 삶기〉란 이름의 타이머를 취소해 줘.

영양 정보(Nutrition) [오후 12:15]

K 주부님은 요새 들어 영양 정보에 대한 관심이 부쩍 늘었습니다. 다이어트를 위해 평상시에 자주 먹는 음식에 대한 칼로리를 확인하는 습관이 생긴 것이죠. 이런 영양과 관련된 정보를 Google Homed를 통해 쉽게 확인할 수 있습니다. "삶은 달걀 한 개의 칼로리는 얼마이지? (How many calories are in a boiled egg?)" 또한 K 주부님은 아이들을 위해 균형 잡힌 식단을 짜려고 많이 노력합니다. 그러기 위해선 음식의 영양소를 확인해야겠죠? "How much fat is in a boiled egg?" (삶은 달걀에는 지방이 얼마나 함유되어 있지?)

기본 문장 1	**"How many calories are in a boiled egg?"** 삶은 달걀 한 개의 칼로리는 얼마이지?
	AI's Possible Answer : There are 78 calories in one large hard boiled egg. (큰 완숙 달걀을 기준으로 78칼로리입니다.)

☞ 체중 감량이나 몸매 유지를 유해 칼로리에 민감하신 분들은 평상시 자주 먹는 음식에 대해 칼로리를 확인합니다.

☑ 문장 패턴 응용하기 ☑

▶ 음식 칼로리 확인하기 :

How many calories are in <u>a boiled egg</u>? (삶은 달걀 한 개의 칼로리는 얼마이지?)
〈음식〉

an apple	사과
a banana [버내너]	바나나
yogurt	요거트
milk	우유
French fries	감자튀김
a hamburger	햄버거
a piece of cheese cake	치즈케이크 한 조각
a slice of pizza	피자 한 조각
a bottle of soju	소주 한 병

기본 문장 2	**"How much fat is in a boiled egg?"** 삶은 달걀 한 개에 지방이 얼마나 함유되어 있지?

 AI's Possible Answer : There are 5 grams of total fat in one large hard boiled egg. (큰 완숙 달걀을 기준으로 5그램입니다.)

☞ 웰빙 식단을 위해서는 영양소 확인은 필수! 각 영양소의 하루 섭취 권장량을 고려하며 식단을 짠다면 더할 나위 없이 좋겠습니다.

▶ 한 음식의 **구체적인 영양소** 확인하기 :

How much <u>fat</u> is in a boiled egg? (삶은 달걀 한 개에 지방에 얼마나 함유되어 있지?)
⟨영양소⟩

saturated fat [세츄레이티드]	포화지방
unsaturated fat	불포화지방
trans fat	트랜스지방
protein [프로으틴]	단백질
sugar	설탕
sodium [쏘디엄]	나트륨
cholesterol [컬래스터럴]	콜레스테롤
dietary fiber [다이어태리 f하이버]	식이섬유
calcium	칼슘
iron [아이언]	철분

기본 문장 3	**"What nutrients do eggs provide?"** 달걀은 어떤 영양소를 함유하고 있지?

 AI's Possible Answer : "⋯ One egg has only 75 calories but 7 grams of high- quality protein, 5 grams of fat, and 1. 6 grams of saturated fat, along with iron, vitamins, minerals, and carotenoids. ⋯"
(한 개의 달걀은 75칼로리 밖에 되지 않지만 7그램의 단백질과 5그램의 지방, 1. 6 그램의 포화 지방, 철, 비타민, 미네랄, 카로티노이드를 함유하고 있습니다.)

☞ 한 음식에 전반적인 영양소 함유량을 한꺼번에 확인할 수 있습니다.

▶ **한 음식의 전반적인 영양소 확인하기** :

What nutrients [뉴트리언츠] **do eggs** provide? (달걀은 어떤 영양소를 함유하고 있지?)
⟨음식 - '가산명사'일 경우 '복수 형태'⟩

apples	사과
bananas	바나나
avocados	아보카도

What nutrients [뉴트리언츠] **does milk** provide? (우유는 어떤 영양소를 함유하고 있지?)
〈음식 - "불가산명사'일 경우 '단수 형태'〉

yogurt	요거트
apple juice	사과 주스
olive oil	올리브유

도전 AI와의 실전 스피킹!

아래의 문장을 영어로 AI 스피커에게 말해 보십시오.

1) 사과 한 개의 칼로리는 얼마지?

2) 치즈 케이크 한 조각의 칼로리는 얼마지?

3) 우유에는 지방이 얼마나 함유되어 있지?

4) 바나나 한 개에는 철분이 얼마나 함유되어 있지?

5) 요거트는 어떤 영양소를 함유하고 있지?

요리 [오후 12:30]
<자녀 영어 학습 활용 추천>

Artificial Intelligence

K 주부님에게 새로운 요리 선생님이 생겼습니다. 그분은 바로 양식, 중식, 일식, 한식 등 못하는 요리가 없는 바로 Google Home입니다! Google Home은 수천 가지 요리의 재료, 조리 시간, 칼로리에 대한 정보뿐만 아니라 레시피(요리법)를 단계적으로 하나하나 친절하게 설명 해줍니다. 무엇보다 K 주부님이 만족하는 부분은 Google Home 덕분에 집에서 자녀들과 직접 요리를 하며 영어 학습을 할 기회가 생깁니다. 일주일에 한 번씩 아이들과 영어로 요리 보는 시간, 바로 Google Home을 통해 가능합니다.

기본 문장 1	**"I want to cook pancakes."** 팬케이크를 요리하고 싶어.

AI's Possible Answer : Okay. I've got a recipe called 〈Good Old-fashioned Pancakes〉 from Allrecipes. This recipe serves 8 and takes about 20 minutes to make. Does that sound good? (알겠습니다. Allrecipes. com에서 제공하는 〈Good Old- fashioned Pancakes〉라는 레시피(요리법)가 있습니다. 이 레시피(요리법)는 8인분이며 조리 시간은 총 20분 정도 소요됩니다. 괜찮으신가요?)

☞ Google Home을 통해 수많은 음식의 레시피(요리법)를 영어로 배우는 시간을 가져 보십시오. 음식 재료부터 세세한 조리법까지 정말 친절하고 자세하게 하나하나 알려 줍니다. Google Home과 제휴가 된 아래의 요리 웹사이트를 통해 레시피(요리법)를 찾으신 후 "Help me cook 〈음식명〉.", "Find a 〈음식명〉 recipe." 혹은 "I want to cook 〈음식명〉."라고 하면 됩니다.

▶ Google Home과 제휴된 레시피(요리법) 웹사이트

〈allrecipes.com〉〈food.com〉〈foodnetwork.com〉〈seriouseats.com〉〈myrecipes. com〉〈simplyrecipes.com〉〈nytimes.com〉〈today.com〉〈buzzfeed.com〉〈bonappetit. com〉〈chowhound.com〉〈epicurious.com〉〈tasteofhome.com〉〈marthastewart.com〉

▶ Google Home과 요리할 수 있는 음식

(1) 한식 : 배추김치 (cabbage kimchi), 김치찌개 (kimchi stew), 김치 볶음밥 (kimchi fried rice), 불고기 (pulgogi) 등

(2) 중식 : 탕수육 (sweet and sour pork), 딤섬(dim sum), 중국식 국수 (Chinese noodle soup), 튀김 만두(fried dumplings) 등

(3) 일식 : 초밥 (sushi), 튀김 요리 (tempura), 돈가스 (tonkatsu), 일본식 라면(ramen) 등

영어학습 활용 방법 TIP

(1) 영어로 안내되는 레시피(요리법)를 자녀들의 영어 학습으로 활용하고 싶은 분들이 있을 것입니다. 그렇게 하기 위해서는 자녀들과 주방에 들어서기 이전에 어떤 내용이 설명되는지를 미리 확인해야 합니다. 그리고 어느 정도 그 내용을 숙지하시기를 권장합니다. 아이들이 영어로 안내하는 Google Home의 레시피(요리법)를 이해하지 못했을 때 이에 대한 보조 설명을 능숙히 하실 수 있어야 합니다. 그래야 막힘 없이 요리와 영어 학습을 동시에 할 수 있겠죠?

(2) Google Home의 경우 매인 앱 화면의 My Activity로 들어가시면 음성으로 안내된 내용의 문자 기록이 남아 있습니다. 혹시 모르는 어휘로 인하여 Google Home이 설명하는 내용이 이해되지 않는다면 이 문자 기록을 통해 확인하고 사전을 찾아보십시오.

☑ 기본 대화 패턴 ☑

☞ 아래의 순서에 따라서 대화가 진행됩니다. 꼭 한번 활용해 보시길 바랍니다.

[예시 : Good Old- fashioned Pancakes (옛날 스타일의 팬케이크)]

1단계 : 레시피(요리법) 고르기

나 : I want to cook <u>pancakes</u>.

　　　　　　　〈음식명〉

(팬케이크를 요리하고 싶어.)

AI : OK. I've got a recipe called 〈Good Old- fashioned Pancakes〉 from Allrecipes.

(알겠습니다. Allrecipes. com 에서 제공하는 〈Good Old- fashioned Pancakes〉라는 레시피(요리법)가 있습니다. 이 레시피(요리법)는 8인분이며 조리 시간은 약 20분 정도 소요됩니다. 괜찮으신가요?)

This recipe serves 8 and takes about 20 minutes to make. Does that sound good?"

(이 레시피(요리법)는 8인분이며 조리 시간은 총 20분 정도 소요됩니다. 괜찮으신가요?)

나 : "Yes."

"괜찮아."

2단계 : 재료 준비하기

AI : "OK. Let's get started. Would you like to prepare the ingredients or skip to the instructions?" (좋아요. 시작하죠. 재료를 준비하시겠습니까? 아니면 조리법으로 바로 건너뛰시겠습니까?

나 : "Prepare the ingredients [인그리디언츠]." / "Skip to the instructions."

(재료를 준비하자.) (조리법으로 바로 건너뛰자.)

(※ "Skip…"을 고를 경우 요리 재료에 대한 소개 없이 조리법으로 넘어갑니다.)

AI : "There are 7 ingredients. I'll read them one by one.

(7가지 재료가 있습니다. 저는 그것들을 하나하나 읽을 것입니다.)

Let me know when you're ready for the next ingredient.

(다음 재료로 넘어가고 싶으시면 제게 알려 주세요.)

The first ingredient is 1 1/2 cups all- purpose flour."

(첫 번째 재료는 다용도 밀가루 1과 2분의 1컵입니다.)

나 : "Next ingredient."

(다음 재료)

AI : "1 teaspoon salt.

(소금 1 티스푼입니다.)

나 : "Next ingredient."

(다음 재료를 알려 줘.)

AI : "1/4 cups milk."

(우유 1/4 컵입니다.)

나 : "Next ingredient."

(다음 재료를 알려 줘.)

AI : "1 egg."

(달걀 1개입니다.)

나 : "Next ingredient."

(다음 재료를 알려 줘.)

AI : The last ingredient is 3 tablespoons butter, melted. That's it.

(마지막 재료는 녹인 버터 테이블스푼 3입니다. 이게 끝입니다.)

AI : Let me know when you are ready to start.

(요리를 시작할 준비가 되었으면 알려 주십시오.)

기본 명령어		
▶ 다시 듣고 싶을 때	"Repeat the ingredient."	
▶ 다음 재료로 넘어갈 때	"Next ingredient."	"Pause the podcast." "Stop the podcast."
▶ 이전 재료를 듣고 싶을 때	"Previous ingredient."	
▶ 재료의 양을 확인하고 싶을 때	"How much 〈재료〉?" "How many 〈재료(복수 형태)〉"	Ex) How much butter? Ex) How many egg

3단계 : 순서에 맞춰 요리하기

나 : "Start the recipe."

(요리를 시작합니다.)

AI : "There are 5 steps. I'll read them one by one. When you're ready to hear more, you can say

'next step'. First step : In a large bowl, sift together the flour, baking powder, salt and sugar.

(5단계가 있으니 하나씩 읽어 보겠습니다. 다음 단계로 넘어갈 준비가 되었으면 '다음 단계' 라고 말합니다. 첫 번째 단계 : 큰 그릇에, 밀가루, 베이킹파우더, 소금 그리고 설탕을 체로 거릅니다.)

나 : "Next step."

(다음 단계로 넘어가.)

AI : "Second Step : Make a well in the center and pour in the milk, egg, and melted butter; mix until smooth."

(두 번째 단계 : 가운데에 구멍을 만든 후, 달걀과 녹인 버터를 넣습니다; 부드러워질 때까지 섞어줍니다.)

나 : "Next step."

(다음 단계로 넘어갑니다.)

AI : "Heat a lightly oiled griddle or frying pan over medium high heat."

(약간의 기름을 바른 철판이나 프라이팬을 중간 정도의 세기로 가열하십시오.)

나 : "Next step."

(다음 단계로 넘어갑니다.)

AI : "Pour or scoop the batter onto the griddle, using approximately 1/4 cup for each pancake."

(약 1/4컵의 반죽을 판 위에 붓거나 퍼뜨려서 한 개의 팬케이크를 만듭니다.)

나 : "Next ingredient."

(다음 단계로 넘어갑니다.)

AI : "Brown on both sides and serve hot. This was the last step. Enjoy!"

(반죽 양면이 모두 뜨거워질 때까지 굽습니다. 이게 마지막 단계입니다. 맛있게 드십시오.)

기본 명령어	
▶ 다시 듣고 싶을 때	"Repeat the step."
▶ 다음 단계로 넘어갈 때	"Next step."
▶ 이전 단계를 듣고 싶을 때	"Previous step."
▶ 조리 시간을 확인하고 싶을 때	"What's the total cooking time?"
▶ 몇 인분의 조리법인지 확인하고 싶을 때	"How many does it serve?"
▶ 음식의 열량을 확인하고 싶을 때	"How many calories?"
▶ 특정 단계를 듣고 싶을 때	"Go to step 6." "Go to step 8."
▶ 요리 모드를 종료하고 싶을 때	"I want to stop cooking."

Artificial Intelligence

쇼핑 목록 활용 [오후 2:00]

Google Home은 K 주부님께 매우 편리한 메모지 역할을 합니다. 사야 할 물품이 생각 날 때마다 매번 종이에 적는 것은 상당히 귀찮을 수 있습니다. 하지만 Google Home이 있다면 몇 마디 말로써 아주 쉽게 쇼핑 목록을 작성할 수 있습니다. "화장지를 내 쇼핑 목록에 추가해 줘. (Add toilet paper to my shopping list.)" 그리고 쇼핑 목록의 내용을 남편인 J 과장님의 Google 쇼핑 목록을 통해 공유합니다. 그래서 K 주부님이 쇼핑 갈 시간이 없으면 J 과장님이 대신 퇴근 길에 마트에 들려서 쇼핑 목록의 물품들을 사 옵니다.

기본 문장 1	**"Add toilet paper to my shopping list."** 화장지를 내 쇼핑 목록에 추가해 줘.
	AI's Possible Answer : OK. I've added toilet paper to your shopping list. (알겠습니다. 화장지를 당신의 쇼핑 목록에 추가하였습니다.

☞ 새로 사야 할 것이 있으면 Google Home의 쇼핑 목록에 추가해 주세요. 언제든지 목록을 열람할 수 있고 Gmail 사용자와 공유를 할 수 있습니다.

☞ 쇼핑 목록에 추가된 내용은 Google Home 앱을 통해 확인할 수 있습니다.

앱의 메인 화면 "More settings"란 항목을 누르시고 "Settings" 화면의 "Services" 아래를 보시면 "Shopping List"란 항목이 생깁니다.

이를 선택하면 쇼핑 목록에 추가된 모든 내용의 확인이 가능합니다.

Settings
Preferences
Payments
Voice Match
Devices
서재
Services
Music
Home control
News
My Day
TVs and speakers
Shopping list
Shortcuts

✅ 문장 패턴 응용하기 ✅

▶ 쇼핑 목록에 구매할 물건 추가하기 :

Add **toilet paper** to my shopping list. (화장지를 내 쇼핑 목록에 추가해 줘.)

〈구매할 물건〉

soap [쏘웊]	비누
a toothbrush	칫솔
toothpaste	치약
a towel	수건

a detergent	세제
body shower gel	샤워젤
contact lens solution	렌즈솔루션
a scrubber sponge	수세미
an oven cloth	행주
kitchen towels	키친타올
garbage bags	종량제 봉투
soy sauce	간장
soybean paste	된장
red pepper paste	고추장
green onions	파

TIP

아래와 같은 방법으로 다른 사용자들과 쇼핑 목록의 내용을 공유할 수 있습니다.

- Google Home 앱을 통해 "Shopping List"로 들어가셔서 오른쪽 위의 "💷" 버튼을 누릅니다.

- "Type name or email"이라고 쓰여 있는 부분을 누르고 공유할 사용자의 이메일 (Gmail) 주소를 입력합니다.

- 상대방 Gmail 계정에 "_____님이 쇼핑 목록을 공유했습니다." 라는 제목의 이메일이 전송되는데 그 이메일 안에 "View List" 를 클릭하면 공유된 쇼핑 목록을 확인할 수 있습니다.

"My Shopping List"로 연결되어 추가된 모든 내용의 확인이 가능합니다.

☰	My shopping list
+	Add item
☐	3 detergents
☐	detergent
☐	three toothbrushes
☐	3 detergent
☐	ketchup
☐	clothes
⌄	2 checked items

기본 문장 2	**What items are on my shopping list?** 내 쇼핑 목록에는 어떤 물품이 있지?

 AI's Possible Answer : The four items on your shopping list are toilet paper, chicken, clothes, and ketchup. (당신의 쇼핑 목록에 있는 4가지 물품은 화장지, 닭고기, 옷, 케첩입니다.)

☞ 쇼핑 목록에 입력한 물품들은 위의 질문을 통해 확인할 수 있습니다.

TIP　Google Home 앱의 쇼핑 목록에서 이미 구매한 물품은 클릭을 통해 체크 표시(∨)를 해주세요. 이렇게 함으로써 사야 할 물품과 이미 구매한 물품을 구별할 수 있습니다. 체크 표시 (∨)된 물품에 대해서는 Google Home에게 "What's on my shopping list?"라고 물어 봤을 때 대답하지 않습니다. 목록에 입력된 내용에 대한 삭제는 Google Home 앱을 통해서만 가능합니다.

도전 AI와의 실전 스피킹!

아래의 문장을 영어로 AI 스피커에게 말해 보십시오.

1) 비누를 쇼핑 목록에 추가해 줘.

2) 칫솔 3개를 쇼핑 목록에 추가해 줘.

3) 내 쇼핑 목록에는 어떤 물품이 있지?

"

습관은 성격을 형성하고, 성격은 운명을 만든다.

- 케이즈 '연설' -

Artificial Intelligence

영어 오디오 북 [오후 4:00]
<자녀 영어 학습 활용 추천>

Google Home은 초등학교 3학년인 막내딸 예주에게 영어 동화책을 읽어줍니다. 백설 공주(Snow White), 개미와 배짱이(The Grasshopper and the Ants), 미녀와 야수(Beauty and the Beast) 등 대표적인 동화들을 Google Home이 실감 나게 읽어줍니다. K 주부님은 시간이 날 때마다 영어 동화 웹사이트(http://www.storynory.com)에서 동화책의 스크립트를 찾아 예주에게 다시 한번 읽어줍니다. 그 이야기 속의 단어와 문장의 뜻을 정확히 알려 주면서 예주가 책의 내용을 완전히 이해할 수 있도록 도와주시는 것이죠. 그래서인지 예주는 요새 영어와 부쩍 친숙해진 것 같습니다.

기본 문장 1	"Read ⟨Snow White⟩ on Google Play Books" ⟨백설 공주⟩를 읽어 줘.
	AI's Possible Answer : "Okay. Reading ⟨Snow White⟩ on Google Play Books." (Google Play Books로부터 ⟨백설 공주⟩를 읽어 드립니다.)

☞ Google Home 사용자들에게 희소식이 있습니다. 최근 구글 플레이 오디오북이 출시되었어요! 1만 400권 이상의 음성 콘텐츠를 유통하는 오디오북 제작업체인 〈오디언소리〉를 통해 점차적 더 많은 콘텐츠를 제공할 예정입니다. 이런 엄청난 양의 오디오 콘텐츠를 Google Home을 통해 감상할 수 있게 되었습니다.

☞ 위의 명령어를 사용하기 위해선 Google Home 앱에 로그인되어 있는 Gmail 아이디를 통해 핸드폰이나 태블릿의 "Google Play Books" 앱으로 들어가세요. 그런 다음 화면 중간의 "AUDIOBOOKS"을 선택한 후 오른쪽 아래의 "Shop"을 누릅니다.

다음 "Shop" 화면 오른쪽 위에 있는 "Top Free"를 누르시면 무료로 구매할 수 있는 오디오북 콘텐츠 68개가 나옵니다. 이중 상당수가 어린이 동화이니 다운로드 받으신 후에

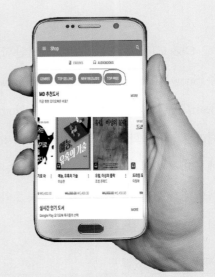

"Read 〈동화제목〉 on Google Play Books."라는 명령어로 오디오 콘텐츠를 재생할 수 있습니다.

※만약 영어로 된 오디오북의 제목이 나타나지 않는다면 직접 동화 제목을 영어로 입력합니다.

☑ 문장 패턴 응용하기 ☑

▶ Google Play Books를 통해 다운받은 오디오북을 재생할 때 :

"Read ⟨Snow White⟩ on Google Play Books." (⟨백설 공주⟩를 읽어 줘.)
　　　　⟨동화제목⟩

⟨Beauty and The Beast⟩	미녀와 야수
⟨Cinderella⟩	신데렐라
⟨Sleeping Beauty⟩	잠자는 숲속의 공주
⟨Hansel and Gretel⟩	헨젤과 그레텔
⟨Grasshopper and The Ants⟩	개미와 배짱이
⟨Little Red Riding Hood⟩	빨간 두건
⟨The Fox and The Crow⟩	여우와 두루미
⟨Golden Goose⟩	황금 거위
⟨Princess and The Pea⟩	공주와 완두콩
⟨Sorcerer's Apprentice⟩	마법사의 제자

TIP 　위의 동화들의 오디오 콘텐츠는 전부 "Google Play Books"를 통해 무료로 다운 받을 수 있습니다.

More Expressions

▶ 최근에 재생했던 오디오북을 다시 재생하기 : "Read my book."

▶ 남은 재생 시간 확인하기 : "How much time is left?"

▶ 앞으로 넘기기 : "Go ahead ⟨시간⟩." Ex) Go ahead 1 minute.

▶ 뒤로 감기 : "Go back ⟨시간⟩." Ex) Go back 10 seconds.

▶ 동화 작가 확인하기 : "Who wrote this story?"

▶ 크롬캐스트(Chromecast)로 연결된 TV를 통해 재생할 때 : "Read 〈제목〉 on the TV."

기본 문장 2	**"Play me a bedtime story."** 잠자리 동화를 틀어 줘.

 AI's Possible Answer : "Okay. A bedtime story. This one is called 〈the Fox and the Crow〉, and it's from Storynory on Google Play." (알겠습니다. 잠자리 동화. 이번에 틀어 드릴 동화의 제목은 〈여우와 두루미〉입니다.

☞ 어린이를 위한 오디오북을 전문적으로 제작하는 〈storynory. com〉의 콘텐츠를 잠자리 동화로써 재생할 수 있습니다. 웹사이트에 접속하여 동화 제목을 검색하면 영문 스크립트를 얻을 수 있습니다. 이를 자녀들의 영어 학습에 적극적으로 활용하시길 권장합니다.

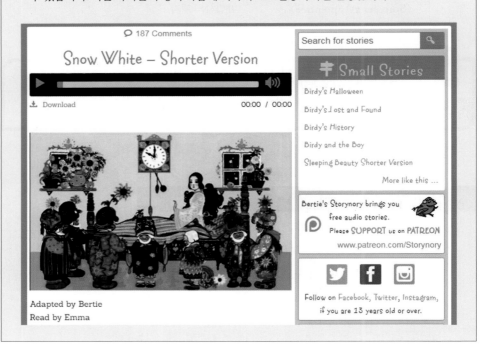

영어 동화, 이렇게 활용하자!

미국 소아과 협회는 아이들의 언어 능력 발달을 위해 부모님들이 직접 동화책을 읽어 줄 것을 권장하고 있습니다. 이런 동화책을 통한 학습은 아이들의 언어 능력뿐만 아니라 학업 성취도에도 상당히 긍정적인 효과가 있다는 것이 여러 연구 결과를 통해 밝혀졌습니다. Google Home이 들려주는 영어 동화만으로도 청취력 향상에 도움이 되겠지만, 가능하다면 부모님께서 직접 읽어 주시면서 스토리에 대한 친절한 설명 덧붙일 때 더 큰 효과를 기대할 수 있습니다. 이를 시도해보고 싶다면 먼저 앞서 소개된 Storynory 웹사이트에서 각 동화의 스크립트를 찾으십시오. 그리고 주요 단어의 뜻과 전체 내용을 먼저 파악하시기 바랍니다. 그러고 나서 Google Home을 활용해 원어민 성우의 음성을 유심히 반복해서 듣고 따라 읽으면서 발음과 톤, 인토네이션 등을 직접 익혀 보시기 바랍니다. 마지막으로 인터넷에서 해당 동화와 관련된 여러 삽화를 찾아 아이에게 보여 주면서 동화의 내용을 직접 읽어 주십시오. 아이들이 잘 이해할 수 있도록 부연 설명까지 덧붙여 주십시오. 우리말로 하셔도 됩니다. 이런 방식으로 부모님과 아이들이 같이 영어 실력을 쌓을 수 있겠죠?

도전 AI와의 실전 스피킹!

아래의 문장을 영어로 AI 스피커에게 말해 보십시오.

1) 〈잠자는 숲속의 공주〉를 읽어 줘.

2) 〈여우와 두루미〉를 읽어 줘.

3) 〈개미와 배짱이〉를 읽어 줘.

4) 뒤로 10초 감아 줘.

5) 누가 이 스토리를 썼지?

계산기 (오후 5:00)
<자녀 수학 과제 활용 추천>

J 과장님과 K 주부님의 둘째 딸인 초등학교 5학년 예진이는 초등 수학 숙제를 할 때 Google Home의 도움을 받습니다. 학습지의 문제를 풀고 나서 정확히 사칙연산을 하였는지 확인할 때 Google Home에게 물어봅니다. "26 더하기 61은 얼마야? (What is 26 plus 61?)" "8 곱하기 12는? (What is 8 times 12)?" "12 나누기 5는? (What is 12 divided by 5?)" 또한 Google Home은 예진이가 요새 수학 시간에 배우는 비와 비율에 대한 계산도 빠르고 정확히 해줍니다. 60의 12 퍼센트는 얼마야? "What is 12 percent of 60?" "15의 1/3 값은 얼마지? (What is one third of 15?)"

기본 문장 1	"What is 26 [twenty six] plus 61 [sixty one]?" 26 더하기 61은 얼마야?

AI's Possible Answer : "The answer is 87." (정답은 87입니다.)

☞ AI 스피커가 계산기 역할을 해줍니다. 숫자와 사칙 연산과 관련된 기본 영어 표현 (plus, minus, times, divided by)만 확실히 익히십시오.

▶ 사칙 연산을 하기 위해선 아래의 표현들을 사용하면 됩니다.

---

*더하기 (addition) - plus

Ex) 1 더하기 1 (1 plus 1) / 3 더하기 2 (3 plus 2)

"What is one **plus** one?"

➡ "The answer is two."

What is three **plus** two?

➡ The answer is five.

---

*빼기 (subtraction) - minus

Ex) 2 빼기 1 (2 minus 1) / 8 빼기 2 (8 minus 2)

"What is two **minus** one?"

➡ "The answer is one."

"What is eight **minus** two?"

➡ "The answer is six."

---

*곱하기 (multiplication) - times

Ex) 2 곱하기 3 (2 times 3) / 4 곱하기 7 (4 times 7)

"What is two **times** three?

➡ "The answer is six."

"What is four **times** seven?

➡ "The answer is twenty eight."

Ex) 4 나누기 2 (4 divided by 2) / 12 나누기 3 (12 divided by 3)

"What is <u>four</u> **divided by** <u>two</u>?"

➡ "The answer is two."

"What is <u>twelve</u> **divided by** <u>three</u>?"

➡ "The answer is four."

기본 문장 2	**"What is 12 [twelve] percent of 60 [sixty]?"** 60의 12퍼센트는 얼마지?
	AI's Possible Answer : "The answer is 7. 2." (정답은 7. 2입니다.)

☞ 백분율과 관련된 계산도 빠르고 간단히 할 수 있습니다.

☑ 문장 패턴 응용하기 ☑

▶ 백분율 계산하기

Ex) 30의 20퍼센트 (30 percent of 20) / 420의 5퍼센트 (5 percent of 420)

"What is <u>twenty</u> **percent of** <u>thirty</u>? (30의 20퍼센트는 얼마지?)

➡ "The answer is six."

"What is <u>five</u> **percent of** <u>four hundred twenty</u>?" (420의 5퍼센트는 얼마지?)

➡ "The answer is twenty one."

기본 문장 2	**"What is one third of 15 [fifteen]?"** 15의 1/3은 얼마지?

 AI's Possible Answer : "The answer is 5." (정답은 5입니다.)

☞ 분수로 비율을 계산할 때도 Google Home에게 물어봅니다.

영어로 분수를 읽는 방법

(1) 분자는 〈기수〉로 분모는 〈서수〉로 나타냅니다.

분자 - 기수 (1, 2, 3, 4, 5, 6, 7, 8, 9, 10…)

분모 - 서수 (half, 3rd, 4th, 5th, 6th, 7th, 8th, 9th, 10th. . .)

(※ 분모의 2는 예외적으로 "2nd" 아니라 "half"를 씁니다.)

(2) 분자를 먼저 읽고 그다음 분모를 읽습니다.

(3) 분자가 2 이상일 때는 분모 뒤에 s를 붙입니다.

Ex) 1/2 (one half) / 1/3 (one third) / 1/4 (one fourth) / 1/5 (one fifth)

2/3 (two thirds) 3/4 (three fourths) / 4/5 (four fifths) / 5/6 (five sixths)

"What is **one fourth of twenty**?" (20의 1/4은 얼마지?)

➡ "The answer is five."

"What is **three fourths of twenty four**?" (24의 3/4은 얼마지?)

➡ "The answer is eighteen."

"What is **five sixths of twelve?** (12의 5/6는 얼마지?)

➡ "The answer is ten."

기본 문장 2	"What is the third root of 8 [eight]?" 8의 세제곱근 $_3\sqrt{8}$

 AI's Possible Answer : "The answer is 2." (정답은 2입니다.)

☞ Google Home을 통해 제곱근의 계산도 가능합니다.

제곱근(루트) 읽는 방법

- 제곱근 : square root / second root

  Ex) $\sqrt{2}$ (the square root of two) / $\sqrt{3}$ (the square root of there) / $\sqrt{4}$ (the square root of four)

- 세제곱근 : the third root

  Ex) $_3\sqrt{2}$ (the third root of two) / $_3\sqrt{3}$ (the third root of three) / $_3\sqrt{4}$ (the third root of four)

- 네제곱근 : the fourth root

  Ex) $_4\sqrt{2}$ (the fourth root of two) / $_4\sqrt{3}$ (the fourth root of three) / $_4\sqrt{3}$ (the fourth root of four)

"What is **the square root** of four? (4의 제곱근은 얼마지?)

➡ "The answer is two."

"What is **the third root** of three? (3의 세제곱근은 얼마지?)

➡ "The third root of three is approximately 1. 442."

"What is **the fourth root** of 2? (2의 네제곱근은 얼마지?)

➡ "The fourth root of 2 is approximately 1. 189."

More Expressions

▶ 계승(팩토리얼- factorial) 계산하기 : n! n × (n- 1) × (n- 2)···2 ×1

Ex) "What is 4 factorial?"

➡ "4 factorial is 24."

4! = 4 × 3 × 2 × 1 = 24

도전 AI와의 실전 스피킹!

아래의 문장을 영어로 AI 스피커에게 말해봅니다.

1) 7 더하기 24는 얼마지?

2) 9 곱하기 2는 얼마지?

3) 20 의 25퍼센트는 얼마지?

4) 48의 2/3는 얼마지?

5) 16의 제곱근은 얼마지?

Artificial Intelligence

영어 사전 [오후 5:30]
<영어 학습 활용 추천>

J 과장님과 K 주부님의 큰 딸인 예지는 한참 영어 공부를 많이 해야 할 중학교 2학년입니다. 예지에게 멋진 음성지원 영영사전 Google Home이 생겼습니다. Google Home만 있으면 각 단어의 기본 뜻뿐만 아니라 발음, 스펠링, 동의어, 반의어까지 쉽게 확인할 수 있습니다. "〈maintain〉의 뜻이 뭐지? (What does 〈maintain〉 mean?)" "〈maintain〉의 동의어는 뭐야? (What are synonyms for 〈maintain〉?)" 단어를 정확히 발음하며 질문해야 Google Home이 답변해 주기 때문에 각 단어의 발음기호를 찾아보며 자음, 모음, 강세까지 공부하는 계기가 되었습니다.

기본 문장 1	"What does 〈maintain〉 mean?" 〈maintain〉의 뜻이 뭐지?
	AI's Possible Answer : "Maintain : cause or enable a condition or state of affair to continue." (〈maintain〉은 어떠한 조건이나 업무적 상태가 지속하도록 한다는 뜻입니다.)
☞ Google Home을 영영 사전으로 활용해 보십시오. 정확한 발음까지 공부할 수 있습니다.	

☑ 문장 패턴 응용하기 ☑

▶ 단어의 기본 의미를 물어볼 때 :

What does ⟨**maintain**⟩ mean? (⟨maintain⟩의 뜻이 뭐지?)
　　　　　⟨단어⟩

⟨delay⟩	미루다
⟨practical⟩	실용적인
⟨undertake⟩	착수하다
⟨succeed⟩	성공하다

TIP　아래의 문장을 통해서도 단어 뜻을 물어볼 수 있습니다.

- What does ⟨maintain⟩ imply?

- What is the definition of ⟨maintain⟩?

기본 문장 2	**"What are *synonyms for ⟨maintain⟩?"** ⟨maintain⟩의 동의어는 뭐야?

AI's Possible Answer : "Synonyms for maintain : preserve, conserve, keep." (⟨maintain⟩의 동의어는 preserve, conserve, keep입니다.)

*synonym : 동의어

☞ Google Home에게 유사한 의미의 단어를 물어볼 수 있습니다. 이 유의어는 특히 영작할 때 동일한 단어의 반복을 피하고자 많이 알아 두시는 것이 좋습니다. 반의어를 물어보고 싶다면 "synonyms [씨너님]" 자리에 "antonym [앤터님]"을 넣어서 "What are antonyms for ⟨단어⟩?"라고 질문하십시오.

☑ 문장 패턴 응용하기 ☑

▶ 단어의 유의어를 물어볼 때 :

What are synonyms [씨너님] for **maintain**? (〈maintain〉의 유의어는 뭐지?)
〈단어〉

▶ 단어의 반의어를 물어볼 때 :

What are antonyms [앤터님] for **maintain**? (〈maintain〉의 반의어는 뭐지?)
〈단어〉

기본 문장 3	**"How should I spell 〈maintain〉?"** 〈maintain〉의 동의어는 뭐야?
	AI's Possible Answer : "Maintain : M - A - I - N - T - A - I - N."

☞ 스펠링을 확인할 때보다는 여러분이 해당 단어의 정확히 발음을 알고 있는지 확인하기 위해 사용할 수 있는 문장입니다. 예를 들어 legitimate 이란 단어의 정확한 발음 [(을)리지티밋/(을)리지리밋]을 알고 어느 정도 정확히 발음한다면 "Legitimate : L - E - G - I - T - I - M - A - T - E."이란 답변을 들을 수 있습니다. 하지만 원어민이 알아듣기 힘들 정도로 잘못된 발음을 한다면 "Sorry I can't help with that yet." "My apologies. I don't understand." 등의 답변을 듣게 됩니다.

☑ 문장 패턴 응용하기 ☑

▶ 스펠링을 확인할 때/ 발음을 확인할 때 :

How should I spell 〈legitimate〉? 〈legitimate〉의 스펠링이 뭐지?

〈단어〉

〈English〉

〈rain〉

〈success〉

〈world〉

> **TIP**
> 여러분의 위의 단어들의 정확한 발음을 알고 있는지 Google Home을 통해 꼭 확인해 봅니다.

도전 AI와의 실전 스피킹!

아래의 문장을 영어로 AI 스피커에게 말해 봅니다.

1) 〈pretend〉이란 단어 뜻이 뭐지?

2) 〈understand〉란 단어의 유의어는 뭐지?

3) 〈keep〉이란 단어의 반의어는 뭐지?

4) 〈language〉란 단어의 스펠링은 뭐지?

5) 〈global〉이란 단어의 스펠링은 뭐지?

웹 정보 검색 [오후 6:00]
<★중요기능★>

중학교 2학년 예지양은 요새 질문을 자주 하는 습관이 생겼습니다. 예전에는 공부하다가 잘 모르는 것이 있어도 인터넷으로 들어가 일일이 찾아보는 것이 귀찮아서 그냥 넘어 가던 적이 많았습니다. 하지만 요새는 궁금한 것이 생길 때마다 자기 방에 있는 Google Home 에게 끊임없이 질문을 던집니다. "GDP에 대해서 말해 줘. (Tell me about GDP.)" "왜 GDP가 중요하지? (Why is GDP important?)" "누가 GDP를 처음으로 생각해 낸 것이지? (Who invented GDP?)" "세계에서 GDP 가 가장 높은 국가는 어디야? (What country has the highest GDP in the world?)"

기본 문장 1	"Tell me about GDP." (GDP에 대해서 말해 줘.)

AI's Possible Answer : "I found this on the web. What's the meaning of GDP in simple words? On the website ⟨gamefaqs. com⟩, they say : GDP is the sum value of all goods and services a country makes in a time period. From Wikipedia : Gross Domestic Product - GDP - refers to the market value of all officially recognized final goods and services produced within a country in a given period." (인터넷에서 다음과 같은 정보를 찾았습니다. GDP의 뜻을 간단히 어떻게 설명할 수 있을까요? 웹사이트 'gamefaqs. com'에 따르면 GDP는 특정 기간 동안 한 국가 내의 재화와 용역의 전체 가치를 합산한 것입니다. 위키피디아에 따르면 GDP는 특정 기간 내의 한 국가에서 공식적으로 집계된 재화와 용역의 시장 가치를 가리킵니다.)

☞ Google Home을 통해 빠르고 쉽게 정보를 검색합니다. 이때 사용할 수 있는 가장 단순한 형태의 영어 문장은 "Tell me about ⟨명사⟩."입니다. 예를 들어 '비트코인'에 대해서 알고 싶다면 "Tell me about Bitcoin."이라고 말합니다.

TIP

"Hey Google. Help me with my homework. (내 숙제를 도와줘.)"라고 Google Home에게 말을 걸면 필요한 정보에 대한 요청이나 질문을 하라는 답변을 하며 4개의 불빛이 들어옵니다. 그 상태에서 검색하셔도 되지만, 빠르게 정보를 찾고 싶다면 굳이 "Help me with my homework."이란 말을 할 필요는 없습니다.

✅ 문장 패턴 응용하기 ✅

▶ 간단히 대략적인 정보를 검색하고 싶을 때 :

➡ Tell me about **GDP.** (GDP에 대해서 말해 줘.)

〈명사〉

Bitcoin	비트코인
Winter Olympics	동계 올림픽
minimum wage	최저임금
A. I. (Artificial Intelligence)	인공지능
World War II	세계 2차 대전
the fourth industrial revolution	4차 산업 혁명
the history of the United States	미국의 역사
religion in Korea	한국의 종교
the French Revolution	프랑스 혁명
the population of China	중국의 인구

〈인물〉

Barack Obama	버락 오바마
Donald Trump	도널드 트럼프
Ban Ki- moon	반기문
John F. Kennedy	존 F. 케네디
Einstein	아인슈타인
Hitler	히틀러
Chingiz Khan	칭기스칸
Napoleon	나폴레옹
Leonardo Davinci	레오나르도 다빈치
Mozart	모차르트
Yuna Kim	김연아

기본 문장 2	"Who invented Bitcoin?" 비트코인을 누가 발명했지?

 AI's Possible Answer : "Here is a summary from the website ⟨cnbc. com⟩ : Someone or a group of people called ⟨Satoshi Nakamoto⟩ was always associated with the invention of the cryptocurrency. In 2014, Newsweek said that the Bitcoin creator was a 64- year- old Japanese-American living in California named Dorian Prentice Satoshi Nakamoto. (⟨cnbc. com⟩ 웹 사이트로부터 요약된 정보를 알려 드립니다. ⟨Satoshi Nakamoto⟩라고 불리는 개인 혹은 일부 모임의 사람들이 암호 화폐의 발명과 연관되었었죠. 2014년 ⟨Newsweek⟩에서 전하길 비트코인을 발명한 사람은 캘리포니아에 거주하는 일본계 미국인 Dorian Prentice Satoshi Nakamoto 입니다.

☞ AI 스피커를 통해 구체적인 정보를 얻고 싶다면 의문문을 사용합니다. 특히 의문사 의문문 (who, what, when, where, how, why)을 적절히 활용하셔야 합니다. 자세한 정보를 아주 쉽고 빠르게 얻을 수 있고 더군다나 모든 내용을 "영어"로 설명해주니 청취력 향상에 큰 도움이 됩니다.

⊘ 문장 패턴 응용하기 ⊘

(A) Who 의문문

▶ 구체적인 검색하고 싶을 때 :

Who invented **Bitcoin**? (비트코인은 누가 발명했는가?)

GDP	국내총생산
penicillin	페니실린
the airplane	비행기
the telephone	전화기
the automobile	자동차
the theory of relativity	상대성 이론

Who discovered **DNA**? (DNA는 누가 발견했지?)

electricity	전기
America	아메리카 대륙
the survival of the fittest	적자생존
the law of gravity	중력의 법칙

Who founded **the Republic of Korea**? (대한민국을 설립한 사람은 누구지?)

the Joseon Dynasty	조선
the Tang Dynasty	당나라
the United States	미국
Yale University	예일 대학교
United Nations	유엔

(B) What 의문문

▶ 최상급

What is the **tallest building in the world**? (세계에서 가장 높은 건물이 무엇이지?)

longest river in China	중국에서 가장 긴 강
largest pyramid in Egypt	이집트에서 가장 큰 피라미드
fastest train in Europe	유럽에서 가장 빠른 열차
oldest church building in the world	세계에서 가장 오래된 교회 건물

▶ 원인

What causes **air pollution**? (대기 오염을 유발하는 것인 무엇이지?)

stress	스트레스
infection	감염
poverty	가난
deforestation	산림벌채
genetic mutation	돌연변이

(C) When 의문문

When is <u>Christmas</u>? (크리스마스는 언제이지?)

Lunar New Year	설날
American Independence Day	미국 독립기념일

When did <u>the Korean War</u> take place? (한국 전쟁은 언제 발발했어?)

the World War II	세계 2차 대전
the French Revolution	프랑스 혁명

(D) Where 의문문

Where is <u>the Statue of Liberty</u>? (자유의 여신상은 어디에 있지?)

the Taj Mahal	타즈마할
the headquarters of United Nations	유엔본부

Where did <u>the Renaissance</u> take place? (르네상스는 어디에서 일어난 거야?)

the Hundred Years'? War	백년전쟁
Woodstock	우드스톡 페스티벌

Where did <u>jazz</u> come from? (재즈 음악은 어디서 발생한 거야?)

Buddhism	불교
impressionism	인상주의

(E) How 의문문

〈how long : 시간의 길이〉

How long is <u>a decade</u>? (〈decade〉는 얼마나 긴 기간이지?)

a flight to London	런던으로 가는 항공편
a soccer game	축구경기

How long does it take to <u>fly to Tokyo from Seoul</u> ? (서울에서 도쿄까지 걸리는 시간은 얼마지?)

drive to Busan from Seoul	서울에서 부산까지 운전으로 걸리는 시간
take the TOEFL test	토플시험을 보내는데 걸리는 시간
make kimchi	김치를 만드는데 걸리는 시간
travel all around the world	전 세계를 여행하는데 걸리는 시간

〈how many : 개수〉

How many <u>states are in the U. S.</u>? (미국에는 몇 개의 주가 있지?)

countries are in Europe	유럽에 있는 국가의 수
weeks are in a year	일 년은 몇 주
pets are in Canada	캐나다의 애완동물의 수
legs does a squid have	오징어의 다리 개수
people live in India	인도에서 사는 사람의 수

〈how much : 가격〉

How much is <u>coffee at Starbucks</u>? (스타벅스의 커피 가격은 얼마지?)

a Samsung Galaxy S8	삼성 갤럭시 8의 가격
a laptop computer on average	노트북 컴퓨터의 평균가격

How much does it cost <u>to travel to Europe</u>? (유럽 여행을 하는데 드는 비용은 얼마지?)

to study at Harvard	하버드 대학교에서 공부하는 비용
to go skydiving	스카이다이빙을 하는 비용

〈how often : 빈도/주기〉

How often **are the Olympics**? (올림픽은 얼마나 자주 열리지?)

can I donate blood	헌혈을 할 수 있는 주기
should I exercise	운동을 하는 주기
should I back up my computer	컴퓨터를 백업하는 주기

(F) why의 의문문

Why is **GDP** important? (GDP가 왜 중요하지?)

exercise	운동
a healthy diet	건강한 식습관
global warming	지구 온난화

Why is **the sky blue**? (하늘은 왜 파랗지?)

the sunset red	석양이 빨간 이유
water transparent	물이 투명한 이유

도전 AI와의 실전 스피킹!

아래의 문장을 영어로 AI 스피커에게 말해 봅니다.

1) 아인슈타인에 대해서 말해 줘.

2) 기차는 누가 발명한 것이야?

3) 스트레스를 유발하는 것은 무엇이지?

4) 아시아에는 몇 개의 국가가 있지?

5) 운동이 왜 중요한 거야?

스포츠 경기 정보 [오후 7:00]

　　J 과장님은 스포츠의 열광적 팬입니다. 불타는 애국심을 가지고 계셔서 특히 손흥민 선수가 뛰는 영국 프리미어리그의 토트넘(Tottenham Hotspur) 그리고 류현진 선수가 뛰는 메이저리그 LA 다저스(LA Dodgers)의 최근 경기 결과를 꼭 확인하는 습관이 있습니다. "토트넘 홋스퍼의 경기 결과가 어떻게 되지? (What was the score of the last Tottenham Hotspur game?)", "토트넘 홋스퍼의 리그 순위는? (What's the standing of Tottenham Hotspur?)", "이번 주에 LA 다저스와 경기하는 팀은 어디야? (Who are LA Dodgers playing?)" 해외 스포츠뿐만 아니라 국내 프로야구 (KBO) 경기, 한국 축구 국가 대표팀 경기의 정보도 실시간으로 제공받을 수 있습니다.

기본 문장 1	**"What was the score of the last Tottenham Hotspur game?"** 토트넘 홋스퍼의 경기 결과가 어떻게 되지?
	AI's Possible Answer : Last Sunday, Tottenham *tied against Newport County 1 to 1. (지난 일요일 토트넘은 뉴포트 카운티와 1대1로 비겼습니다.) *tie : 비기다

☞ Google Home을 통해 전 세계 주요 스포츠팀의 최근 경기 결과를 확인할 수 있습니다. 언제 열린 게임인지, 어느 팀과 경기를 했으며, 승패는 어떤지, 최종 점수는 몇 점이었는지 등의 자세한 정보를 얻을 수 있습니다.

Google Home에서 최신 뉴스를 제공하는 스포츠와 리그	
Sport	League(s)
야구	MLB, Korea Baseball Organization (KBO), Nippon Professional Baseball
농구	NBA, WNBA, NCAA Men's Division I
미식축구	NFL, NCAA Division I FBS football, Canadian Football League (CFL)
하키	NHL, Kontinental Hockey League
크리켓	International Cricket Council, Indian Premier League
축구	Global leagues and tournaments

〈출처 : the Google Home Help Center 웹사이트〉

⊘ 문장 패턴 응용하기 ⊘

▶ 최근 경기 결과를 물어볼 때 :

➡ What was the score of the last **Tottenham** [타튼흠] **Hotspur** [핫스퍼r] game?
〈팀이름〉

토트넘 핫스퍼의 경기 결과는 어떻게 되지?

〈해외 프로축구팀〉

Manchester United	맨체스터 유나이티드
Barcelona	바르셀로나
Real Madrid [리알 매드리드]	레알 마드리드

〈메이저 리그 베이스볼팀〉

LA Dodgers	LA 다저스
Texas Rangers	텍사스 레인저스
New York Yankees	뉴욕 양키스

〈NBA 팀〉

Boston Celtics	보스턴 셀틱스
Golden State Warriors	골든 스테이트 워리어스
LA Lakers	LA 레이커스

〈한국 프로야구팀〉

Kia Tigers	기아 타이거즈
Doosan Bears	두산 베어즈

〈축구 국가대표팀〉

South Korea national football team	한국 축구 국가 대표팀

TIP "Kia"를 발음할 때 [기아]가 아니라 [키아]라고 해야 합니다.

기본 문장 2	"What is the *standing of Tottenham Hotspur?" 토트넘 홋스퍼의 리그 순위가 어떻게 되지?

AI's Possible Answer : Tottenham is 5th in the Premier League.
(토트넘은 프리미어 리그에서 5위를 달리고 있습니다.)

*standing : 순위

☞ 특정 팀의 리그 순위를 알아볼 수 있습니다. 또한 각 리그의 1위 팀을 알고 싶으시면 "What team is leading 〈리그명〉?"이라고 질문하시면 됩니다.

☑ 문장 패턴 응용하기 ☑

▶ **특정 팀의 리그 순위를 물어볼 때 :**

➡ What is the standing of <u>Tottenham Hotspur</u>? (토트넘 핫스퍼는 리그 순위가 몇
〈팀이름〉
위야?)

▶ **특정 리그 1위 팀을 물어볼 때**

➡ What team is leading <u>the Premier League</u>? (어떤 팀이 프리미어 리그에 선두를 달리
〈리그 이름〉
고 있지?)

〈축구 리그〉

the Bundesliga	분데스리가 (독일 프로축구 리그)
La Liga	라리가 (스페인 프로축구 리그)
Serie A	세리에 A (이탈리아 프로축구 리그)
K- League Classic	K- 리그 클래식 (한국 프로축구 1부리그)
K- League Challenge	K- 리그 챌린지 (한국 프로축구 2부리그)

➡ What are the standings of the National League West? (내셔널리그 서부지구의 순위
는 어떻게 돼?)
〈리그 이름〉

〈메이저 리그 베이스볼〉

National League Central   내셔널리그 중부지구
National League East   내셔널리그 동부지구
American League West   아메리칸리그 서부지구
American League Central   아메리칸리그 중부지구
American League East   아메리칸리그 동부지구

〈NBA 리그〉

Eastern Conference   동부리그
Western Conference   서부리그

기본 문장 3	"What is the schedule for Tottenham this week?" (토트넘의 이번 주 경기 일정이 어떻게 되지?)

 AI's Possible Answer : They will play Manchester United on Thursday at 5 a. m. at Wembley. (토트넘은 목요일 오전 5시[한국시간] 웸블리 스타디움에서 맨체스터 유나이티드와 경기를 할 예정입니다.

☞ 특정 팀의 경기 일정을 확인하는 방법입니다. 리그 전체의 일정을 확인하고 싶으시면 "What teams are playing in the 〈리그명〉?"이라고 질문하시면 됩니다.

✅ 문장 패턴 응용하기 ✅

▶ 특정 팀의 경기 일정을 물어볼 때 :

➡ What is the schedule for Tottenham this week? (토트넘의 이번 주 경기 일정이 어
〈팀이름〉 〈시간〉
떻게 되지?)

LA Dodgers today

Barcelona tomorrow

Boston Celtics next week

▶ 특정 리그의 전체 경기 일정을 물어볼 때 :

➡ What teams are playing in <u>the Premier League this week?</u> (이번 주에 프리미어리
그에서는 어떤 팀들이 경기하지?) 〈리그 이름〉〈시간〉

the Bundesliga today

La Liga tomorrow

Serie A next week

도전 AI와의 실전 스피킹!

아래의 문장을 영어로 AI 스피커에게 말해 봅니다.

1) Manchester United의 최근 경기 결과가 어떻게 되지?

2) LA Lakers의 현재 리그 순위는 어떻게 되지?

3) 어느 팀이 Bundesliga 리그의 선두를 달리고 있어?

4) Golden State Warriors 의 다음 주 경기 일정이 어떻게 되지?

5) 이번 주에 La Liga에서는 어떤 팀들이 경기하지?

Artificial Intelligence

주식 정보 [오후 7:30]

5년 가까이 주식 투자를 해 온 J 과장님은 Google Home을 통해 주식 정보도 실시간으로 확인합니다. 국내 증시 현황부터 (How are the markets doing?), 미국의 다우지수, (What is Dow Jones trading at?) 특정 종목 개장가 (What is the opening price of Samsung SDS?), 시가 총액 (What is the market cap of Hyundai Motors)까지 주식과 관련된 모든 핵심 정보를 손쉽게 얻습니다.

기본 문장 1	**"How are the markets doing?"** 국내 증시 현황은 어때?
	AI's Possible Answer : As of 3:32 PM Korea Standard Time today, the markets are trending down : the KOSPI was relatively stable at 2566 and KOSDAQ Composite Index fell, falling 0. 8 percents to 914. (오늘 오후 3시 32분 한국 시각 기준으로, 증시는 한국 종합 주가지수는 2566 으로 상대적으로 안정적이었고 코스닥 종합 지수는 0. 8 % 하락한 914를 기록했습니다.)
☞ 한국에서 Google Home을 사용하신다면 별도의 설정 변경 없이 국내 증시에 관한 정보를 받아 볼 수 있습니다. 코스피(KOSPI)와 코스닥(KOSDAQ)에 관한 최신 정보를 알려줍니다.	

▶ 특정 국가의 증시 현황 :

How are the markets doing in <u>the U. S.</u> ? (미국의 증시 현황은 어떻지?)
〈국가명〉

Japan	일본
China	중국
France	프랑스
Germany	독일

기본 문장 2	**"How is the Dow Jones doing?"** 현재 미국 다우 지수는 얼마지?

 AI's Possible Answer : As of 4:34 PM Eastern Standard Time yesterday, the Dow Jones is down 0. 67 percents to 24788. (어제 오후 4시 34분 미 동부 시간 기준으로, 증시는 다우존스 산업평균지수는 0. 67 퍼센트 하락한 24788을 기록했습니다.)

☞ 특정 주가지수를 확인할 수 있습니다. 안타깝게도 Google Home은 국내 종합 주가지수를 나타내는 KOSPI [코스피]란 단어를 잘 인식하지 못하는 편입니다. 고로 해외 주식시장의 지수를 확인할 때 활용합니다.

✔ 문장 패턴 응용하기 ✔

▶ 특정 주가지수 확인하기 :

How is <u>the Dow Jones</u> doing? (현재 미국 다우 지수는 얼마지?)
〈주식시장〉

the S&P 500	S&P 500 (미국)
the Nikkei 225	닛케이 (일본)

the DAX	닥스 (독일)
the SENSEX	센섹스 (인도)
the CAC40	CAC40 (프랑스)
the S&P/ TSX	TSX (캐나다)

기본 문장 3	**"What is Samsung SDS trading at?"** 삼성 SDS 주가 시세는 얼마지?

 AI's Possible Answer : As of 3:30 PM Korea Standard Time today, the price for Samsung SDS Co shares on the Korea Exchange is 256, 500 KRW, up 0. 98 percents from today. (오늘 오후 3시 30분 한국 시간 기준으로, 삼성 SDS의 주가 시세는 0. 98 퍼센트 상승한 256, 500원을 기록했습니다.)

☞ 특정 종목 주가 시세를 확인할 수 있습니다. 단 국내 기업의 이름을 영어식으로 발음해야 알아 듣습니다. 예를 들어 Samsung은 "삼성"이 아니라 "쌤쏭"으로 Hyundai는 "현대"가 아니라 "헌대 이"라고 발음합니다. 또한 개장가 (opening price)와 종가 (closing price)도 확인 가능합니다.

✓ 문장 패턴 응용하기 ✓

▶ 특정 종목 확인하기 :

What is <u>Samsung SDS</u> trading at? (현재 삼성SDS의 주가 시세는 얼마지?)
〈종목명〉

Samsung Electronics	삼성전자
LG Electronics	LG전자
Hyundai Motors [헌대이 모로스]	현대자동차
Naver	네이버

▶ **특정 종목** 개장가/종가 **확인하기:**

What is the **opening price** of Samsung SDS? (삼성SDS의 개장가는 얼마지?)
        closing price

 More Expressions

▶ **시가 총액 확인하기:**

What is the **market cap** of Hyundai Motors? (현대 자동차의 시가 총액이 얼마지?)

도전 AI와의 실전 스피킹!

아래의 문장을 영어로 AI 스피커에게 말해 보십시오.

1) 국내 증시 현황은 어떻지?

2) 현재 미국 S&P 500 지수는 얼마지?

3) LG 전자의 주가 시세는 얼마지?

4) 삼성 SDS 주가의 종가는 얼마지?

5) 삼성전자의 시가 총액이 얼마지?

게임 [오후 8:00]

　　J 과장님은 종종 따님들과 Google Home 앞에 모여서 영어 게임을 같이 즐깁니다. 수학 암산 연습을 할 수 있는 Math Quiz도 즐겨 합니다. 숫자 기억력 향상할 수 있는 Number Recall 게임도 종종 합니다. 누가 더 많이 정답을 맞추는지 내기를 하면 다들 승부욕이 불타는 분위기입니다. 큰딸 예지는 음성 어드벤처 게임인 The Magic Door를 가장 즐겨하고 둘째 딸 예진, 막내딸 예주는 특정 동물이나 사물의 소리를 맞추는 Mystery Sounds 게임을 제일 좋아합니다.

기본 문장 1	**"Talk to ⟨Math Quiz⟩."** ⟨수학 퀴즈 게임⟩과 연결해 줘.

Al's Possible Answer : Sure. Here's Math Quiz. (알겠습니다. ⟨수학 퀴즈 게임⟩을 시작합니다.) Welcome to Math Quiz ? You will be asked up to 10 math questions.
Say "cancel" at any time to stop. (⟨수학 퀴즈 게임⟩에 오신 것을 환영합니다. 당신은 10개의 수학 질문에 대답해야 합니다. 중간에 멈추고 싶다면 언제든지 "cancel"이라고 말합니다.)

> ☞ 암산 능력과 함께 숫자를 영어로 생각하고 표현하는 연습을 동시에 할 수 있는 게임입니다. 10개의 간단한 산술 계산 문제가 연속적으로 나오고 마지막에 10개 중 몇 문제를 맞혔는지 알려줍니다.

☑ 기본 표현 ☑

*더하기 : plus *빼기 : minus *곱하기 : times *나누기 : divided by

☑ Sample 질문 ☑

- What is 13 plus 12?   *정답 : twenty five (25)

- What is 10 plus 20?   *정답 : thirty (30)

- What is 17 minus 9?   *정답 : twenty six (26)

- What is 3 times 9?   *정답 : twenty seven (27)

- What is 11 minus 2?   *정답 : nine (9)

기본 명령어	
반복해서 질문 듣기	"Repeat."
게임 멈추기	"Stop." "Cancel."

숫자/수학 게임

☞ **게임을 시작하는 방법 : Talk to 〈게임〉.**

Ex) Talk to 〈Math Quiz〉.

〈1- 2- 3 Math〉.

〈Math Marathon〉.

▶ **〈1- 2- 3 Math〉** : 난이도(상중하)를 선택하여 문제를 풀 수 있는 게임입니다.

(1) 하(Easy) : 숫자의 상하, 덧셈

- Which number is greater, 43 or 46?

(43과 46중 어떤 숫자가 더 큽니까?)

- If John has 17 erasers and Jenny has 12 erasers, then how many erasers do they have in total?

(John은 17개의 지우개를 가지고 있고 Jenny는 12개의 지우개를 가지고 있다면, 전체 지우기 개수는 몇입니까?)

(2) 중(Medium) : 덧셈, 뺄셈, 나눗셈, 나머지

- How many quarters are worth 150 cents?

(25센트 동전 몇 개가 있어야 150센트가 됩니까?)

- Robert filled 4 vases of roses. He put 10 roses in each vase. How many roses did he use?

(Robert는 4개의 장미 꽃병을 채웠습니다. 그는 10개의 장미를 각각의 꽃병에 넣었습니다. 그는 몇 개의 장미를 사용했을까요?)

- John has four 4 erasers. He gave them equally to 2 friends. How many erasers did each friend get?

(John은 4개의 지우개를 가지고 있습니다. 이 지우개들을 두 명의 친구에게 똑같은 개수로 나눠 주었습니다. 친구들은 각각 몇 개의 지우개를 받았을까요?)

(3) 상(Hard) : 곱셈, 비율

- 10 marbles have been placed at a distance of 3 feet interval. How many feet is the distance between marble 6 and marble 8?

(10개의 대리석이 각각 3피트 간격으로 위치되어 있습니다. 6번째 대리석과 8번째 대리석 사이의 간격은 몇 feet입니까?)

- If a football team played 35 games and has lost 21 more games than won, then how many games did they win?

(한 축구팀이 35경기를 마쳤는데 패배한 경기의 수가 승리한 경기의 수보다 21개 더 많습니다. 승리한 경기의 수는 몇입니까?)

- In a 90 question exam, a student has scored 27 wrong. What percentage of questions did he get wrong?

(90개의 질문을 낸 시험에서, 한 학생이 27문제를 틀렸다. 이 학생이 본 시험의 오답률은 몇 퍼센트인가?)

▶ 〈Math Marathon〉: 산술 연산 문제가 연속적으로 나옵니다. 몇 문제나 계속해서 정답을 맞출 수 있는지 도전해 보십시오.

▶ 〈Number Recall〉: 한 자리 숫자부터 시작해서 정답을 맞출 때마다 뒤에 한자리씩 무작위로 숫자가 추가되어 나열되는 데 이를 순서대로 최대 몇 자리까지 기억할 수 있는지 테스트하는 게임.

기본 문장 2	"Talk to ⟨Lucky Trivia⟩." ⟨행운의 퀴즈⟩와 연결해 줘.

 AI's Possible Answer : Nice! This is the part where the music starts and I get to be a game show host. (좋습니다. 곧 음악이 시작됩니다. 저는 이 게임 쇼의 진행자가 됩니다.)

Welcome to "Are You Feeling Lucky?" It's kind of like other trivia games, but you are playing it right now. You know who I am. The host of this silly show. How many are playing this time? ("Are You Feeling Lucky?"에 오신 것을 환영합니다. 일종의 퀴즈 게임인데요, 당신은 지금 그 게임을 하고 있습니다. 제가 누구인지 알고 계실 겁니다. 이 바보 같은 쇼의 진행자 말이죠. 몇 명이 이 퀴즈 게임을 하고 있습니까?

☞ Google Home을 통해 여러 종류의 퀴즈 게임을 할 수 있는데 저는 특히 ⟨Lucky Trivia⟩라는 게임을 추천해 드립니다. 일단 신나는 배경 음악과 익살스러운 Google Home 성우의 목소리가 신나는 퀴즈 쇼의 분위기를 한껏 돋웁니다. 총 5라운드로 구성되어 있으며 퀴즈를 맞췄을 때는 환호 소리를, 틀렸을 때는 야유 소리가 나오죠. 무엇보다도 마치 TV에서 볼 수 있는 퀴즈 프로그램처럼 여러 명이 함께(최대 5명) 참여할 수 있도록 만들어져서 자녀분들과 함께 즐기기에 딱 좋습니다.

⊘ Sample 질문 ⊘

- Leonardo DiCaprio does NOT star in which of these movies? (레오나드로 디카프리오는 다음 영화 중 어떤 영화에 출연하지 않았을까요?)

  500 Days of Summer / Inception / Django Unchained
- 'Ghana' is located in which continent? ('가나'는 어느 대륙이 위치 해 있습니까?)

  Africa / Europe / Asia
- Which was invented first? (다음 두 개의 기기 중 먼저 발명된 것은?)

  the microwave oven / the fax machine

기본 명령어	
반복해서 질문 듣기	"Repeat."
게임 멈추기	"Stop." "Cancel."

퀴즈 게임

▶ **Capital Land** - 세계 각국의 수도를 맞추는 퀴즈 게임.

- What is the capital of Dominican Republic? (도미니카 공화국의 수도는 어디입니까?)

  Santa Domingo / Punta Cana / Samana

▶ **SongPop** - 특정 장르 곡의 일부를 듣고 곡의 "제목"이나 "아티스트"을 맞추는 게임.

- Here is the first song "♪ ~ ♩ ~ ♫" If you know it, tell me the title or the artist. (이 곡을 안다면 곡명이나 아티스트를 말해 보십시오.)

▶ **HuffPost Headline Quiz** - 미국의 인터넷 신문 허핑턴 포스트의 주요 기사 내용을 바탕을 만들어진 퀴즈 게임. 매주 금요일 업데이트 됨.

- Which medical group said that Trump's military trans ban is not medically valid? (어떤 의학 협회에서 트럼프 대통령의 트랜스젠더 입대 금지법이 의학적으로 유효하지 않다고 했습니까?)

  American Medical Association / American Women's Association

▶ **Trivia Blast** - 미국의 대중문화에 대한 퀴즈 게임.

- He starred in ⟨Silence of the Lambs⟩. (그는 ⟨양들의 침묵⟩에 출현했습니다.)

  Chris Hemsworth / David Lyons / Johnny Depp / Anthony Hopkins

▶ **Friends Trivia** - 시트콤 ⟨Friends⟩의 주인공들과 스토리에 대한 퀴즈 게임.

- What color of sweater belongs to the father of Rachel's baby? (레이첼이 난 아기의 아버지는 어떤 색의 스웨터를 입고 있었습니까?)

  blue / red / yellow

▶ **American Presidents Quiz -** 미국 대통령과 관련된 상식을 묻는 퀴즈 게임

- Which president purchased Louisiana territory? (루이지애나주 영토를 매입한 대통령
은 누구입니까?)

John Quincy Adams / Tomas Jefferson / James Madison

기본 문장 3	**"Talk to ⟨Crazy House⟩."** ⟨크레이지 하우스⟩와 연결해 줘.

 AI's Possible Answer : Okay. Let's get crazy house. (알겠습니다. ⟨크
레이지 하우스⟩를 시작합니다.)
Welcome to Crazy House! An adventure game that lets you explore
strange rooms with interesting objects. To start your adventure, you
will choose one of three doors. Okay, here we go. Your journey starts. Next, you see that
you're in a janitor's closet with 20 whirling dervishes. At the end of the room, three more
doors! Do you open one, two, or three? (크레이지 하우스에 오신 것을 환영합니다. 이 게임은 당
신이 흥미로운 물건들과 함께 특이한 방들을 경험할 수 있도록 할 것입니다. 여행을 시작하기 위해서
는 3개의 문중 한 개를 고르십시오. 자 출발합니다. 당신의 여행이 시작됩니다. 당신은 제자리에서 빙
글빙글 돌고 있는 20명의 수도승이 있는 창고 공간에 있습니다. 방의 끝부분에 문이 3개가 있습니다.
1, 2, 3번 중에 어떤 방을 여시겠습니까?

☞ Google Home을 통해 음성 어드벤처 게임을 경험해 보십시오. 물론 모든 상황이 영어로 설
명되기 때문에 영어 청취력 향상에 도움이 될 것입니다. 이 게임의 장점은 영어 초보자도 쉽
게 즐길 수 있다는 것입니다. 세 개의 문 앞에 섰을 때 문의 번호인 "one, two, three" 중 한 개만
골라서 말하면 게임이 계속 진행됩니다.

기본 명령어		
반복해서 질문 듣기	"Repeat."	
게임 멈추기	"Stop."	"Cancel"

어드벤처 게임

▶ **Crazy Portals** - 〈Crazy House〉와 동일한 포맷의 어드벤처 게임입니다. 여러 도시를 모험하는 상황이 주어집니다.

▶ **The Magic Door** - 위의 두 게임보다는 여러 효과음이 등장하고 다양한 미션이 주어집니다. 이 게임을 하면 마치 공포 영화의 주인공이 된 듯한 느낌을 받을 수 있습니다. 단 주어진 상황에 따라 여러 짧은 문장을 말할 수 있어야 합니다. (Ex) "Go to the dark forest." "Keep going.")

▶ **Earplay** - 이 게임을 시작하기 위해서는 Google Home에게 "Talk to 〈Earplay〉."가 아니라 "Start 〈Earplay〉."라고 하셔야 합니다. 007 영화시리즈의 주인공 제임스 본드처럼 라디오 드라마 속에서 비밀 요원 역할극을 할 수 있게 해줍니다. 흥미진진한 스토리가 전개되며 성우들의 연기가 다른 어드벤처 게임보다 더 섬세하고 훌륭합니다. Google Home을 통해 기본 데모 버전의 시나리오를 먼저 경험할 수 있으며, 그 외의 다른 상황극을 즐기고 싶다면 Earplay 홈페이지(www. earplay. com)에 가입하여 콘텐츠를 Google Home과 연결해야 합니다. 단 주의하셔야 할 점은 시나리오 일부가 아이들과 청소년들에게는 적절치 않은 내용을 포함할 수 있습니다.

기본 문장 4	**"Talk to ⟨Mystery Sounds⟩."** ⟨미스테리 사운즈⟩와 연결해 줘.

 AI's Possible Answer : OK. Let's get ⟨mystery sounds⟩. (알겠습니다. ⟨미스테리 사운즈⟩를 시작합니다.)

Welcome to Mystery Sounds! I will play various sounds and you will have to guess what sound I am making. If you know the answer, interrupt me than say the answer to score extra points. If you need help, don't forget to ask, you can also ask me to repeat the sound to hear it again. Are you ready to begin level 1 for 100points? (미스테리 사운즈에 오신 것을 환영합니다. 제가 다양한 소리를 내면 당신은 그 소리가 어떤 소리인지 맞혀야 합니다. 도움이 필요하시면, 제게 도움을 요청합니다. 또한 소리를 다시 들려 달라고 할 수도 있습니다. 100점을 따야 하는 레벨1을 시작할 준비가 되었습니까?

☞ 아이들과 함께 즐길 수 있는 가장 쉽고 단순한 형태의 게임입니다. 동물, 사물 등의 소리를 듣고 그 소리가 어떤 소리인지 맞히면 됩니다.

기본 명령어	
반복해서 질문 듣기	"Repeat."
게임 멈추기	"Stop."　　　　　　　　　　　　　"Cancel."
힌트 요청	"Give me a hint."

Artificial Intelligence

동영상/미국 드라마 - 영화 [오후 8:00]

    사춘기 시절 마이클 잭슨의 열광적 팬이셨던 K 주부님은 Google Home과 크롬캐스트 (Chromecast)를 활용해 뮤직비디오를 감상하십니다. "마이클 잭슨의 〈Billy Jean〉을 TV로 틀어 줘." (Play 〈Billy Jean〉 by Michael Jackson on my TV.) J 과장님은 요새 미국 정치 드라마 〈House of Cards〉에 푹 빠져 계십니다. 저녁 식사 후 여유가 있을 때는 넷플릭스(Netflix)를 통해 에피소드 한 개씩 챙겨 보십니다. 매번 웹사이트에 접속해 로그인하고 드라마를 찾을 필요 없이 Google Home에게 아주 간단히 명령을 내리면 됩니다. "넷플릭스에서 〈House of Cards〉를 틀어 줘." (Play 〈House of Cards〉 from Netflix on my TV.)

기본 문장 1	**"Play 〈Billy Jean〉 by Michael Jackson on my TV."** 마이클 잭슨의 〈Billy Jean〉을 TV로 틀어 줘.
	AI's Possible Answer : Alright. 〈Billy Jean〉 from Youtube. (알겠습니다. YouTube로부터 〈Billy Jean〉을 틀어 드립니다.)

☞ Google의 제품인 크롬캐스트(Chromecast)를 통해 Google Home과 TV의 연결이 가능합니다. Youtube Red에 정식 가입까지 되어 있다면 Google Home과 연동시킨 후, YouTube의 동영상을 Google Home에게 음성 명령을 하여 TV에 바로 재생시킬 수 있습니다.

※ Youtube Red에 정식으로 가입 후 Google Home과 서비스 연동시키는 방법은 ( )페이지에 자세히 소개되어 있으니 참조해 주십시오.

TV와 인터넷을 연결해 주는 역할을 하는 기기입니다. 이 USB와 같은 모양의 기기를 TV의 HDMI 단자에 꽂고 와이파이(WIFI)와 연결 후 세팅을 하면 Google Home, 스마트폰, 태블릿, 노트북, PC 등과 연결해서 리모컨 대용으로 사용할 수 있습니다.

▷**크롬캐스트의 기능**

- 스마트폰, 태블릿, 노트북의 스트리밍 동영상을 TV 화면으로 보내 볼 수 있음.
- Google Home과 동영상 스트리밍 앱을 연결해서 음성 명령어로 동영상을 제어하게 해 줌.
- 스마트폰, 태블릿, 노트북의 화면을 TV로 미러링할 수 있음.
- ▣ 크롬캐스트를 지원하는 동영상 앱 : YouTube, Netflix, Ted 등

▷**크롬캐스트와 Google Home 연결하기**

(1) 크롬캐스트가 TV에 세팅된 상태에서 Google Home과 크롬캐스트가 같은 와이파이와 연결되어 있는지 확인합니다.

(2) Google Home 앱을 조작하는 기기 역시 같은 와이파이에 연결 되어 있어야 합니다.

(3) Google Home 앱을 연 상태에서 왼쪽 위에 메뉴(☰) 버튼을 누르고 "More settings" 를 선택합니다.

(4) "Services "아래 있는 "TVs and Speakers"를 고르십시오.

(5) 오른쪽 아래의 십자 버튼을 누르면 추가할 기기에 크롬캐스트가 잡히면 체크표시 후 오른쪽 위의 "Add"를 누릅니다.

기본 명령어	
재생하기	"Watch 〈동영상 타이틀〉on my TV." "Play 〈동영상 타이틀〉 on my TV. "
멈추기	"Pause." [퍼z] "Pause the video."　　　　　 "Stop." "Stop the video."
다시 재생하기	"Resume." [뤼z우음] "Continue playing."
반복 재생하기	"Rewind."
앞으로 넘기기	"Go ahead 〈시간〉."　　　　　 Ex) Go ahead 1 minute.
뒤로 감기	"Go back 〈시간〉."　　　　　 Ex) Go back 10 seconds.

☑ 문장 패턴 응용하기 ☑

▶ YouTube 동영상을 TV에 재생하기 :

Play 〈Billy Jean〉 (by Michael Jackson) on my TV (마이클 잭슨의 〈Billy Jean〉을 TV로 틀
　　　〈동영상 타이틀〉　　〈가수/뮤지션〉
어 줘.)

　　　　〈Hotel California〉　　　　　　　(by Eagles)

　　　　〈Yesterday〉　　　　　　　　　　(by The Beatles)

　　　　〈Stan〉　　　　　　　　　　　　(by Eminem)

⟨Crazy in Love⟩	(by Beyonce)
⟨Gangnam Style⟩	(by Psy)
Steve Jobs Speech	스티브 잡스 연설
Obama Victory Speech	오바마 당선 연설
Rihanna Live Concert	리한나 라이브 공연
Noam Chomsky Lecture	노암 참스키 강의
The Simpsons - 20 years ago	심슨가족 - 20년 전

기본 문장 2	**"Play ⟨House of Cards⟩ from Netflix on my TV."** 넷플릭스에서 ⟨House of Cards⟩를 틀어 줘.

 AI's Possible Answer : OK. ⟨House of Cards⟩ from Netflix. (알겠습니다. Netflix로부터 ⟨House of Cards⟩ 틀어 드립니다.)

☞ 인터넷 스트리밍 사이트인 넷플릭스에서 제공하는 영화, 드라마 등을 Google Home에게 음성 명령을 하여 TV에 바로 재생시킬 수 있습니다.

※ 위의 명령어를 사용하기 위해서는 넷플릭스 (Nexflix)에 정식으로 가입되어 있고 Google Home과 서비스 연동되어 있어야 합니다.

넷플릭스(Netflix)와 Google Home 연결하기

(1) Gmail 주소로 넷플릭스에 정식 가입합니다.

(2) Google Home과 Google Home 앱을 조작하는 기기가 같은 와이파이에 연결되어 있어야 합니다.

(2) Google Home 앱을 연 상태에서 왼쪽 위에 메뉴(≡) 버튼을 누르고 "More settings"를 선택합니다.

(4) "Services "아래 있는 "Videos and Photos"를 고르십시오.

(5) "Videos" 아래 있는 Netflix 마크 아래의 "LINK"를 선택하신 후 넷플릭스에 "로그인 후 연동하기"를 하셔야 합니다.

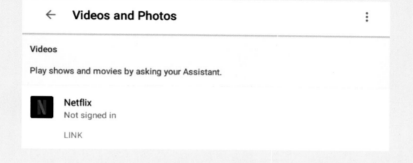

기본 명령어	
재생하기	"Watch 〈동영상 타이틀〉 from Netflix on my TV."
"Play 〈동영상 타이틀〉	from Netflix on my TV. "
멈추기	"Pause" [퍼z] "Pause the video"　　　　　"Stop" "Stop the video."
다시 재생하기	"Resume." [뤼z우-음] "Continue playing."
반복 재생하기	"Rewind"
앞으로 넘기기	"Go ahead 〈시간〉." Ex) Go ahead 1 minute.
뒤로 감기	"Go back 〈시간〉." Ex) Go back 10 seconds.

✅ 문장 패턴 응용하기 ✅

▶ 넷플릭스(Netflix)의 영화/드라마 TV에 재생하기 :

Play ⟨House of Cards⟩ from Netflix on my TV. (마이클 잭슨의 ⟨Billy Jean⟩을 TV로 틀어 줘.)
⟨영화/드라마 타이틀⟩

⟨Friends⟩	시트콤 ⟨프랜즈⟩
⟨La La Land⟩	영화 ⟨라라랜드⟩
⟨Gravity⟩	영화 ⟨그래비티⟩

"
메마른 땅에 뿌릴지라도, 씨앗만 좋으면
스스로의 바탕으로 훌륭한 열매를 맺을 수 있다.

L. 악키우스 ⟨연대기⟩

Artificial Intelligence

외국어 번역/스페인어 공부
(오후 09:00) <제2외국어 학습>

Google Home은 J 과장님의 만능 외국어 선생님입니다! 전 세계 22개 주요 언어 (Ex) 중국어, 러시아어, 독일어, 일본어 등등)를 할 수 있기 때문이죠. J 과장님은 예전에는 해외에서 고객이 온다고 하면 주로 미국 손님들이라 영어 공부에만 집중하였는데, 최근에는 중국, 러시아, 일본, 폴란드 등 점점 더 다양한 국가의 고객들을 상대해야 합니다. 물론 여러분이 세계 어느 나라의 사람을 만나든지 영어만으로 의사소통이 가능한 경우가 많지만, 그분들의 언어와 문화를 존중하는 차원에서 간단한 인사말이라도 준비해 보는 것이 어떨까요? "중국어로 '고맙습니다'란 말을 어떻게 하지? (How can I say 'thank you' in Chinese?)" Google Home은 중국어 원어민의 발음으로 대답해 줍니다. "xiexie. [씨에씨에.]" 또한 J 과장님은 Google Home이 제공하는 어학 프로그램을 통해 스페인어 어휘를 매일 조금씩 익혀 나가는 중입니다.

기본 문장 1	"How can I say 'thank you' in Chinese?" 중국어로 '고맙습니다'란 말을 어떻게 하지?
	AI's Possible Answer : " xiexie [씨에씨에]"

☞ Google Home은 22개의 언어를 번역할 수 있습니다. 이를 활용해 다양한 외국어를 배워 보보십시오.

Google Home을 통해 번역 가능한 언어

불어, 스페인어, 이탈리아어, 독일어, 러시아어, 포르투갈어 (브라질), 일본어, 한국어, 중국어(북경어), 베트남어, 태국어, 덴마크어, 노르웨이어, 스웨덴어, 핀란드어, 네덜란드어, 폴란드어, 체코어, 힌디어, 그리스어, 인도네시아어, 터키어

✔ 문장 패턴 응용하기 ✔

▶ 영어를 다른 언어로 번역하기 :

How can I say 'thank you' in Chinese?
　　　　　　〈영어문장〉　〈언어〉

'hello' (안녕하세요.)　　　　　　　　　　　　　　　　　Japanese (일본어)
'good- bye' (안녕히 가세요.)　　　　　　　　　　　　　Russian (러시아)
'nice to meet you' (만나서 반갑습니다.)　　　　　　　　French (불어)
'welcome to Korea' (한국에 오신 것을 환영합니다.)　　　Spanish (스페인어)
'what kind of food do you like?' (어떤 음식을 좋아하세요?)　German (독일어)

> **TIP**
> Google Home이 번역한 내용을 '음성'이 아니라 '문자'로 필요하시다면 Google Home 앱의 "My Activity"로 들어가서 확인하시면 됩니다. 그곳에는 Google Home과 주고 받은 모든 대화의 내용이 문자로 저장되어 있습니다.

기본 문장 2	**"Repeat it"** 다시 말해 줘.

 AI's Possible Answer : " xiexie [씨에씨에]"

☞ 낯선 외국어 문장을 단 한 번만 듣고 완전히 익히기는 힘들죠. "Repeat it"이라고 말하면 Google Home이 앞서 말한 문장을 반복해서 재생합니다.

기본 문장 3	**"Let's start a Spanish lesson."** 스페인어 수업을 시작하자.

 AI's Possible Answer : Welcome to your 〈Daily Spanish Lesson〉. My name is Jack. With me is Camila. Before we get started, let's get to know each other a little better. First, what is your name? 〈Daily Spanish Lesson〉에 오신 것을 환영합니다. 제 이름은 Jack입니다. 그리고 제 옆엔 Camila가 있습니다. 먼저 이름을 말해 주시겠습니까?

☞ Google Home이 제공하는 스페인어 어학 프로그램입니다. 이 프로그램으로 매일 매일 스페인어 기초어휘를 확실히 익혀보십시오.

도전 AI와의 실전 스피킹!

아래의 문장을 영어로 AI 스피커에 말해 봅니다.

1) 일본어로 '안녕하세요'란 말을 어떻게 하지?
2) 중국어로 '안녕히 가세요'란 말을 어떻게 하지?
3) 독일어로 '만나서 반갑습니다"란 말을 어떻게 하지?
4) 스페인어로 '한국 음식을 좋아하십니까'란 말을 어떻게 하지?
5) 다시 말해 줘.

Artificial Intelligence

휴식을 주는 소리(Ambient Sounds)
[오후 10:00]

　　J 과장님은 가끔 서재에서 혼자 책을 읽는 시간을 갖습니다. 이 시간만큼은 그 누구에게도 방해받지 않고 편안하게 독서에만 집중하려고 하십니다. 이때 J 과장님은 음악보다는 AI 스피커가 들려주는 자연의 소리를 듣습니다. "숲의 소리를 들려줄 수 있어? (Can you play forest sounds for me?)" 달콤한 낮잠을 자고 싶을 때는 빗소리를 듣습니다. "빗소리를 들려줘." (Play rain sounds.)

기본 문장 1	**"Play forest sounds."** 숲의 소리를 들려 줘.
	AI's Possible Answer : "This is the sound of forest. "

☞ 백색 소음 (white noise)라고 들어 보셨을 것입니다. 일상이나 자연에서 들을 수 있는 편안한 느낌의 자연 음을 가리키는 용어입니다. 요새 이 백색 소음이 마음을 안정시키고 집중력을 높이는 데 매우 큰 도움을 준다는 연구 결과가 나오고 있습니다. 독서, 공부, 휴식, 명상 등을 즐길 때 Google Home에서 들려주는 다양한 백색 소음을 활용해 보십시오.

234 -•- 구글(Google)과 함께하는 AI 영어스피킹

✅ 문장 패턴 응용하기 ✅

▶ 백색 소음 재생하기

Can you play <u>forest sounds</u>? (숲의 소리를 들려줄래?)
〈소리〉

rain sounds	빗소리
nature sounds	자연의 소리
fireplace sounds	모닥불 소리
river sounds	강물 소리
ocean sounds	바닷물 소리
babbling brook [배블링 브룩] sounds	시냇물이 졸졸 흐르는 소리 ※강추!
running water sounds	흐르는 물소리
rain sounds	빗소리
thunderstorm sounds	천둥소리 + 빗소리
oscillating [아실레이링] fan sounds	선풍기 소리

❝

무엇이나 이유 없이 이루어지는 것은 없다.

- 세네카 《은혜론》 -

알람 설정 [오후 11:00]

밤 11시가 넘으면 J 과장님은 지친 하루를 마무리하며 취침 준비를 하십니다. 침대에 눕기 전에 꼭 다음 날 스케줄을 염두에 두며 Google Home의 알람을 맞춥니다. "내일 아침 6시 20분에 날 깨워 줄 수 있어? (Can you wake me up tomorrow at 6:20 a. m. ?)" K 주부님은 혹시 아침 식사 후 감기약 복용을 잊을까 봐 알람을 맞춥니다. "〈약 복용〉이란 제목으로 내일 아침 8시 알람을 맞춰 줘. (Set an alarm called 〈taking medicine〉 tomorrow 8 a. m."

기본 문장 1	**"Set an alarm for tomorrow at 6:20 a. m."** 내일 오전 6시 20분으로 알람을 맞춰 줘.

 AI's Possible Answer : Your alarm set for tomorrow at 6:20 a. m. (당신의 알람은 내일 오전 6시 20분으로 맞춰졌습니다.)

☞ Google Home의 알람 기능을 활용해 보십시오. 단 "alarm"이란 단어의 발음을 주의하셔야 합니다. "알람"이 아니라 "얼라음"이라고 발음하셔야 합니다. "alarm" 발음이 너무 힘들면 간단히 "Wake me up tomorrow at 6:20 a. m." 하셔도 됩니다.

☑ 기본 대화 패턴 ☑

알람에 대한 모든 정보를 한꺼번에 한 문장으로 입력할 필요는 없습니다. 아래의 순서에 따라서 대화가 진행되기 때문에 〈날짜/요일〉〈시간〉에 관한 정보를 하나씩 차례대로 간단히 말하면 됩니다. AI와 대화를 주고받는 재미가 있는 기능이니 꼭 한번 활용해 보십시오.

나 : "Can you wake me up?"

(내일 날 깨워 줄 수 있어?)

AI : "OK. For when?"

(네. 언제 깨워 드리죠?)

나 : "**tomorrow**."
〈날짜/요일〉
(내일.)

AI : "Got it. March 2nd. And the time?

(알겠습니다. 3월 2일이네요. 시간은요?)

나 : "6:20 a. m."
〈시간〉
(오전 6시 20분)

(※날짜/요일을 말하지 않으면 당일이나 다음 날로 입력됨)

AI : "Alright. Your alarm set for tomorrow at 6:20 a. m."

(당신의 알람은 내일 오전 6시 20분으로 맞춰졌습니다.)

✅ 문장 패턴 응용하기 ✅

▶ 한 번에 날짜/요일과 시간 입력하기 :

Set an alarm for <u>tomorrow</u> at <u>6:20 a. m.</u> (내일 오전 6시 20분으로 알람을 맞춰 줘.)
　　　　　　　　〈날짜/요일〉 　〈시간〉

the day after tomorrow	모레
this Friday	금주 금요일
March 2nd	3월 2일
the 2nd	2일 (해당하는 달)
every day of the week	해당 주 매일
every day of the month	해당 월 매일

▶ 알람 명칭 입력하기 :

Set an alarm called 〈<u>taking medicine</u>〉 for tomorrow.
　　　　　　　　〈제목〉

cooking	요리
lunch	점심
housework	집안일
homework	숙제

기본 문장 2	**Wake me up with classical music.** 클래식 음악으로 날 깨워 줘.
	AI's Possible Answer : Alright. For when for? (좋습니다. 언제 깨워 드릴께요?)

☞ 알람 소리를 특정한 음악으로 지정할 수 있습니다. 단 이 기능을 사용하기 위해서는 Google Home이 YouTube와 같은 음악 스트리밍 서비스와 연동되어 있어야 합니다.

☑ 문장 패턴 응용하기 ☑

▶ **특정한 음악으로 알람 맞추기 :**

Wake me up with <u>classical</u> music. (클래식 음악으로 날 깨워 줘.)
〈장르〉

rock	록
jazz	재즈
piano	피아노
guitar	기타
gospel music	가스펠
meditation music	명상

Wake me up with ⟨This Love⟩ by Maroon 5.
〈노래 가수/뮤지션〉

⟨Crazy In Love⟩ Beyonce.

⟨You Raise Me Up⟩ Westlife.

기본 문장 3	**"When is my alarm for tomorrow?"** 내일 알람이 언제로 맞춰져 있지?
	AI's Possible Answer : You have 2 alarms tomorrow. An alarm for tomorrow at 6:20 a. m. . An alarm called ⟨taking medicine⟩ set for tomorrow at 8:00 a. m. (당신은 내일 울릴 2개의 알람을 맞춰 놨습니다. 오전 6시 20분 알람. '약 복용'이란 명칭의 오전 8시 알람.)

☞ 맞춰 놓은 알람의 내용을 확인할 수 있습니다. "날짜/요일", "제목" 별로 나눠서 확인할 수 있습니다.

✅ 문장 패턴 응용하기 ✅

▶ 알람 확인하기 :

When is my alarm? (알람이 언제로 맞춰 져 있자? ★ 전체 알람을 확인하는 방법)

When is my alarm for <u>tomorrow</u>? (내일 알람이 언제로 맞춰져 있지?)
〈날짜/요일〉

Friday	금요일
March 2nd	3월 2일
the 2nd	2일 (해당하는 달)

When is my alarm called 〈<u>**taking medicine**</u>〉? (〈약 복용〉이란 제목으로 된 알람은 언제로
맞춰져 있지?)　　　　　　　　　　　〈제목〉

cooking	요리
lunch	점심식사
housework	집안일
homework	숙제

More Expressions

▶ 알람 취소하기

"Cancel all the alarms.

입력된 모든 알람을 취소해 줘.

"Cancel the alarm set for tomorrow at 6:20."

내일 6시 20분으로 맞춰진 알람을 취소해 줘.

"Cancel the alarm called 〈taking medicine〉"

〈약 복용〉이란 명칭의 알람을 취소해 줘.

▶ **알림 다시 울리기**

"Snooze the alarm for 10 minutes."

10분 후에 알람을 다시 울려 줘.

(★ 알람으로 깬 후에 너무 피곤해서 10분만 더 누워 있고 싶을 때 사용합니다.)

도전 AI와의 실전 스피킹! •

아래의 문장을 영어로 AI 스피커에게 말해 봅니다.

1) 내일 오전 7시로 알람을 맞춰 줘

2) 이번 주 토요일 오전 8시로 알람을 맞춰 줘.

3) 〈숙제〉란 이름으로 알람을 맞춰 줘.

4) 이번 주 토요일에 알람이 언제로 맞혀 있지?

5) 내일 오전 7시로 맞춰진 알람을 취소해 줘.

"

노고없이 사들일 수 있는 것 중 귀중한 것은 하나도 없다.

- J. 아디슨 -

Artificial Intelligence

취침 예약 기능 (Sleep Timer)
[오후 11:30]

　　J 과장님은 다음날 출근을 위해 가능하면 밤 12시 이전에 침대에 눕습니다. 잠들기 전에 Google Home의 부드러운 음악이나 자연의 소리 (relaxation sound)를 틀고 잠자리에 들 때가 종종 있습니다. 숙면하려면 자기 전에 Google Home을 꺼야 하지 않냐고요? 꼭 그럴 필요는 없습니다. 취침 예약 기능을 사용하면 됩니다. 이 예약 기능을 10분 혹은 20분 정도 맞춰 놓으면 딱 적당합니다.

기본 문장 1	**"Play calm piano music for 10 minutes."** 조용한 피아노 음악을 10분간 틀어 줘.
	AI's Possible Answer : Alright. Check out this calm piano music station on YouTube. We will stop playing in 10 minutes. (알겠습니다. 유튜브를 통해 조용한 피아노 음악 방송국의 음악을 들어 보십시오. 10분 후에 음악이 꺼질 것입니다.)
※ Youtube Red 등의 음악 스트리밍 서비스에 가입한 경우 사용할 수 있는 명령어입니다.	
☞ 음악을 틈과 동시에 취침 예약 기능을 설정할 수 있습니다. 영어의 전치사 for, until을 적절히 활용하여 언제까지 음악을 들을 것인지 Google Home에게 알려주십시오.	

✅ 문장 패턴 응용하기 ✅

▶ 음악을 틀 때 취침 예약하기 [시간 설정] :

Play calm piano music for **10 minutes.** (조용한 피아노 음악을 10분간 틀어 줘.)
〈시간의 길이〉

1 minute	1분
3 minutes	3분
half an hour	30분
1 hour	1시간

until **11:55 p. m.** (조용한 피아노 음악을 오후 11시 55분까지 틀어 줘.)
〈재생이 종료되는 시간〉

11:00 p. m.
11:30 p. m.

▶ 음악을 틀 때 취침 예약하기 [음악 설정] + [시간 설정] :

Play **calm piano music** for 10 minutes. (조용한 피아노 음악을 10분간 틀어 줘.)
〈음악 장르〉

sleeping music	취침 음악
meditation music	명상 음악
relaxing jazz music	편안한 재즈 음악
night time classical music	밤에 듣는 클래식 음악
romantic jazz piano music	로맨틱한 재즈 피아노 음악

Play 〈**Billy Jean**〉 by **Michel Jackson** for 10 minutes.
　〈곡명〉　　　　〈가수/뮤지션〉

〈Hotel California〉	Eagles
〈Take On Me〉	Aha
〈Without You〉	Mariah Carey
〈Crazy in Love〉	Beyonce
〈Creep〉	Radiohead

Play the album 〈**Dangerous**〉 by **Michael Jackson** until 11:55 p.m.
〈앨범명〉　　〈가수/뮤지션 이름〉

〈Merry Christmas〉	Mariah Carey
〈Overexposed〉	Maroon 5
〈X and Y〉	Coldplay
〈OK Computer〉	Radiohead
〈Loud〉	Rihanna

기본 문장 2	**"Stop playing in 10 minutes."** 10분 후에 음악을 꺼 줘.

 **AI's Possible Answer** : We will stop playing in 1 minute. (1분 후에 음악이 꺼질 것입니다.)

☞ 음악이 재생되는 동안에 취침 예약 기능을 설정할 수 있습니다. 영어의 전치사 in, at을 적절히 활용하여 언제까지 음악을 들을 것인지 Google Home에게 알려주십시오.

☑ 문장 패턴 응용하기 ☑

음악을 틀 때 취침 예약하기 [시간 설정] :

Stop playing in **10 minutes.** (10분 후에 음악을 꺼 줘.)
〈시간의 길이〉

1 minute	1분
3 minutes	3분
half an hour	30분
1 hour	1시간

at **11:55 p.m.**

〈재생이 종료되는 시간〉

11:00 p. m.

11:30 p. m.

Set a sleep timer for **10 minutes.** (취침 예약을 10분으로 맞춰 줘.)

〈시간의 길이〉

at **11:55 p.m.**

〈재생이 종료되는 시간〉

More Expressions

▶ 취침 예약 취소하기 "Cancel the sleep timer." (취침 예약을 취소해 줘.)

▶ 취침 예약 남은 시간 확인하기 "How much time is left on the sleep timer?"
(취침 예약 시간이 얼마나 남았지?)

도전 AI와의 실전 스피킹!

아래의 문장을 영어로 AI 스피커에게 말해 봅니다.

1) 편안한 재즈 음악을 5분간 틀어 줘.

2) 밤에 듣는 클래식 음악을 오후 11시까지 틀어 줘.

3) Eagles의 〈Hotel California〉란 곡을 2분간 틀어 줘.

4) Coldplay의 〈X and Y〉 앨범을 10분간 틀어 줘.

5) 취침 예약을 취소해 줘.

Artificial Intelligence

스마트 조명 제어 (오후 11:45)

K 주부님은 잠들기 전 잠깐 침대에 누워서 소설책을 읽는 것을 즐깁니다. 이때 조명을 끄거나 조명의 밝기를 조절할 때 귀찮게 일어날 필요 없이 Google Home에게 시킬 수 있습니다. "〈작은 조명〉을 켜 줘. (Turn on the 〈Small Light〉.)" "〈큰 조명〉을 꺼 줘." (Turn off the 〈Big Light〉.)" "〈작은 조명〉 밝기를 50퍼센트로 줄여 줘. (Dim the 〈Small Light〉 by 50 percent.)" 방에 색다른 분위기를 연출하고 싶을 때는 조명의 색을 바꿔 보기도 합니다. "〈큰 조명〉의 색을 파란색으로 바꿔 줘. (Turn 〈Big Light〉 blue)". 그리고 취침 직전 침대에 누워서 이불을 덮고 모든 조명의 불을 끕니다. "모든 조명을 꺼 줘. (Turn off all the lights.)"

기본 문장 1	**"Turn on the 〈Small Light〉."** 〈작은 조명〉을 켜 줘.
	AI's Possible Answer : OK. Turn the 〈Small Light〉 on. (알겠습니다. 〈작은 조명〉을 켜 드리겠습니다.)

☞ Google Home과 스마트 조명과 연결하여 사용할 수 있습니다. 힘들게 스위치 버튼이 있는 곳까지 걸어가서 손가락으로 조명을 켜고 끄는 시대는 곧 끝날 듯합니다. 스마트홈 시대에는 집안의 모든 기기를 음성 명령으로 제어하게 될 것입니다.

⊘ 스마트 조명 Philips Hue ⊘

Google Home과 연결 하여 사용할 수 있는 가장 대표적인 가전기기 중 하나는 필립스가 개발한 스마트 조명인 "Philips Hue"입니다. 현재 3. 0(3세대)까지 출시되어 있으며 Google Home 뿐만 아니라 아마존의 Echo Dot, 애플의 Siri와도 호환되는 제품입니다.

▶ Philips Hue While and Color Ambience A19 LED Starter Kit 설치 방법

(1) 조명과 Hue Bridge를 개봉합니다.

(2) Hue Bridge에 어댑터를 통해 전원 연결을 하고 랜케이블 선을 통해 인터넷 라우터와 연결합니다.

(3) Philips Hue 앱을 스마트폰이나 태블릿에 설치 후 실행시킵니다.

(4) 앱을 처음 실행할 때 앱 화면에 "Searching for Hue Bridges"란 글자가 뜨다가 "1 New Hue bridge found."

(5) 앱 화면 상단에 "Push Link"라고 뜨면 Hue Bridge의 동그란 버튼을 누릅니다.

(6) 각 조명별로 이름을 입력합니다.

▶ Google Home과 Philips Hue While and Color Ambience A19 LED Starter Kit 연결하는 방법

(1) Google Home 앱을 연 상태에서 왼쪽 위에 메뉴(≡) 버튼을 누르고 "Home Control"를 선택합니다.

(2) 오른쪽 아래에 있는 십자버튼을 누르면 Google Home과 연결될 수 있는 모든 기기가 나옵니다.

(3) Philips Hue를 선택하시고 로그인을 합니다.

(4) 앱 화면 오른쪽 아래의 "Pair"를 누른 후 Hue Bridge의 동그란 버튼을 누릅니다.

(5) 연결 후에는 오른쪽 아래의 "Assign Rooms"를 누르고 조명이 위치할 공간을 선택합니다.

▶ Philips Hue에게 Nickname 설정하기

(※발음하기 쉬운 Nickname을 설정합니다. 음성 제어하기가 훨씬 수월해집니다.)

(1) Google Home 앱을 연 상태에서 왼쪽 위에 메뉴(≡) 버튼을 누르고 "Home Control"을 선택합니다.

(2) "Devices" 아래에 있는 Philips Hue 조명을 선택합니다.

(3) "Nickname"을 고르고 부르기 쉬운 Nickname을 설정합니다. Ex) Small Light, Big Light

기본 문장 2	"Dim/Brighten the 〈Small Light〉 by 50 percent." 〈Small Light〉의 밝기를 50퍼센트로 조절 해 줘.
	AI's Possible Answer : Sure. Dimming 〈Small Light〉 by 50 percent. (〈작은 조명〉의 밝기를 50 퍼센트로 조절하겠습니다.)

☞ 음성 명령어로 간편하게 스마트 조명의 밝기를 조절할 수 있습니다.

✔ 문장 패턴 응용하기 ✔

▶ 스마트 조명의 밝기를 조절할 때 :

Dim/Brighten <u>the 〈Small Light〉</u> by <u>50 percent.</u> (〈작은 조명〉의 밝기를 50퍼센트로 조절
　　　　　　　〈조명이름〉　　　　　〈퍼센트〉
해 줘.)

80 percent

20 percent

기본 문장 3	**"Turn the 〈Big Light〉 blue."** 〈큰 조명〉을 파란색으로 바꿔 줘.

 AI's Possible Answer : OK. Changing 〈Big Light〉 to blue. (알겠습니다. 〈작은 조명〉을 켜 드리겠습니다.

☞ Philips Hue 제품은 조명의 색깔도 조정할 수 있습니다. 방의 색다른 분위기를 연출해 봅니다.

✔ 문장 패턴 응용하기 ✔

▶ 스마트 조명의 밝기를 조절할 때 :

Turn <u>the 〈Big Light〉 blue.</u> (〈큰 조명〉의 색을 파란색으으로 바꿔 줘.)
　　　〈조명 이름〉 〈색〉

yellow	노란색
orange	귤색
[어륀지]	
pink	핑크색
red	빨간색
green	초록색

기본 문장 4	"Turn off all the lights." (모든 조명을 꺼 줘.)

 AI's Possible Answer : OK. Turning two lights off. (알겠습니다. 두 개의 조명을 끄겠습니다).

☞ 모든 조명을 한꺼번에 제어할 때는 "all the lights"라는 표현을 쓰십시오. 특정한 방의 조명을 제어할 때는 "lights in ⟨공간 이름⟩"라는 표현을 쓰면 됩니다.

☑ 문장 패턴 응용하기 ☑

▶ 스마트 조명의 밝기를 조절할 때 :

➡ Turn off [어f] all the lights. (모든 조명을 꺼 줘.)

      on [언]

➡ Turn on the lights in ⟨bedroom⟩. (침실의 모든 조명을 꺼 줘.)
              ⟨공간 이름⟩

living room	거실
kitchen	주방
bathroom	화장실
basement	지하

TIP 위의 ⟨공간 이름⟩은 각 스마트 조명의 초기 설정 때 입력된 정보입니다.

아래의 문장을 영어로 AI 스피커에게 말해 봅니다.

1) 모든 조명을 켜 줘.

2) 〈작은 조명〉을 꺼 줘.

3) 〈큰 조명〉의 밝기를 20퍼센트로 조절해 줘.

4) 〈큰 조명〉의 색을 초록색으로 바꿔 줘.

5) 침실에 있는 모든 조명을 꺼 줘.

"

불가능이란 노력하지 않는 자의 변명이다.

- 나폴레옹 -

CHAPTER
5

Chapter 2
AI 영어 회화 필수 발음
10가지 공식

Chapter 4
AI와 24시간 영어 회화
24가지 활용법

Chapter 1
AI 스피커 활용
완벽 준비

Chapter 3
미국식 버터 발음 단기 완성
4가지 공식

nmn
shesm
gkftxpe
wdhg
w

CHAPTER 5

AI 스피커와 Fun Time!

Artificial Intelligence

농담하기

우리가 곧 맞이하게 될 4차 산업 혁명 시대에는 인공지능 로봇이 인간의 많은 역할을 대체한 것이라고 합니다. Google Home이 보여 주는 놀라운 유머 감각은 우리가 대화를 즐기는 상대마저 인간이 아니라 AI가 될지도 모르겠다는 생각을 들게 합니다. 아래의 문장들로 Google Home과 농담을 즐겨 보십시오. 스포일러(!)가 되지 않기 위해 Google Home의 대답을 알려 드리지 않겠습니다.

▶ "I am your father!" (내가 네 아비다!)

 [☞ 영어 스타워즈의 명대사입니다. 최대한 다스베이더와 비슷한 목소리로 말해 보십시오. "Hey Google. I~am~your~father~!"]

▶ "Did you fart?"(너 방귀 뀌었지?)

▶ "Who let the dogs out?" (저 개들 누가 풀어놨어?)

▶ "How old are you?" (너 몇살이야?)

▶ "What gender are you?" (너 성별이 어떻게 돼?)

▶ "What am I thinking?" (내가 무슨 생각을 하고 있을까?)

▶ "Tell me a joke." (농담해 줘.)

▶ "Tell me a dad joke."(아재 개그를 해 줘.)

[☞ 〈dad joke〉란 표현은 우리말의 '아재 개그'와 정확히 일치합니다. '나이 먹은 아저씨들이 즐기는 재미 없는 농담' 이란 뜻입니다.]

▶ Talk to 〈Best Dad Jokes〉(〈최고의 아재 개그〉와 연결해 줘.)

[☞ 위의 명령어와 크게 다르지 않습니다. "최고(Best)"의 아재 개그라고 하지만 전혀 더 웃기지 않다는 점 을 주의합니다. 단 한 가지 차이점 있습니다. 썰렁한 농담 뒤에 억지웃음을 유발하는 웃음소리 효과음이 나 온 다는 것입니다.]

▶ "Guess the number I am thinking of." (내가 생각하는 숫자를 추측해 봐.)

> 지난날 우리에게는 깜빡이는 불빛이 있었으며, 오늘날 우리에게는
> 타오르는 불빛이 있다. 그리고 미래에는 온 땅 위와 바다 위를
> 비춰주는 불빛이 있을 것이다. - *처칠* -

Artificial Intelligence

별자리운세/심리상담

▶ **"Talk to 〈ELLE horoscopes[앨 허로스콥스]〉"**

　☞별자리를 말하면 하루 운세를 볼 수 있는 프로그램입니다.

"What sign do you want the horoscope for?"라고 물어보면 본인의 별자리를 영어로 말해

줍니다.

양자리 - Aries　황소자리 - Taurus　쌍둥이자리 - Gemini　게자리 - Cancer

사자자리 - Leo　처녀자리 - Virgo　천칭자리 - Libra　전갈자리 - Scorpio

사수자리 - Sagittarius　염소자리 - Capricorn　물병자리 - Aquarius

물고기자리 - Pisces

▶ "Let's play crystal ball."

☞ 진한 화장을 한 점술가가 커다란 수정 구슬을 손으로 만지작거리며 미래를 엿 보는 모습이 상상되나요? Google Home이 그 마법의 수정 구슬이 되어 줍니다. "The crystal ball will reveal your destiny. Now ask a yes or no question. (수정 구슬이 당신의 운명을 보여 줄 것입니다. '네/아니오'로 대답할 수 있는 질문을 합니다.)"라고 하면 궁금한 것에 대해 마음껏 물어보십시오. "제가 올해는 승진할 수 있을까요? (Will I get promoted this year?)" "월급 인상이 있을까요? (Will there be a raise?)" 단 대답을 '네/아니오' 밖에 하지 않습니다. 1980년대 추억의 개그 프로그램 〈유머 1번지〉 부채 도사의 "그렇다~/아니다~" 정도의 점을 봐준다고 생각하시면 됩니다.

▶ "Talk to 〈Eliza〉."

〈Eliza [얼라이z아]〉는 1968년 MIT의 조셉와이젠바움 교수가 개발한 인공 지능 심리상담 프로그램입니다. "Is something troubling you? (당신에게 고민거리가 있나요?)" 라는 질문과 함께 시작되며 여러분의 고민을 영어로 말하면 그 말에 관심을 보이며 이야기를 더 이끌어 내는 역할을 합니다. 가상의 인물이 〈Eliza〉가 도움이 되는 구체적인 조언을 해주지는 않지만 여러분의 고민을 경청하고 문제의 본질이 무엇인지 생각하게끔 도와줍니다.

Artificial Intelligence

그 밖의 재미있는 기능

▶ **"What does a cow say?"**(소는 어떤 소리를 내지?)

〈동물〉

dog	개
cat	고양이
wolf	늑대
horse	말
elephant	코끼리

▶ "Tell me a fun fact." (재미있는 사실을 알려 줘.)

▶ "Tell me a spooky story." (무서운 이야기를 해 줘.)

▶ "Talk to 〈Human Story〉." (〈Human Story〉와 연결해 줘.

[☞ 〈Human Story〉는 우리나라의 [인간극장]과 비슷한 내용의 프로그램입니다. 한 개인의 감동적인

삶의 이야기를 들을 수 있습니다.]

▶ "Sing a song." (노래를 불러 줘.)

▶ "Sing me 'Happy Birthday'" (생일 축하 노래를 불러 줘.)

▶ "Can you beatbox?" (비트박스를 할 수 있어?)

▶ "Let's get spooky." (무섭게 해 줘.)

[☞ 여러분 방에서 '유령의 집'을 체험할 수 있게 해줍니다.]

▶ "Flip a coin." (동전을 던져 줘.)

[☞ 앞: 〈heads〉 뒤: 〈tails〉]

▶ "Roll a dice." (주사위를 던져 줘.)

[☞ 1부터 6까지의 숫자를 말해 줍니다.]

66

의지를 행사할 수 있는 자에게는 불가능한 것이 없다.

- 에머슨 〈수필집〉 -

Artificial Intelligence

"도전 AI와의 실전 스피킹!" 정답 (영어문장)

4. 01

What's the weather like today?

What will the weather be like on Friday?

It is going to rain this weekend?

What's the humidity in Seoul right now?

Should I carry an umbrella today?

4. 02

Play dance music.

Play calm piano music.

Play music for sleeping.

Play 〈Gangnam Style〉 by PSY

Play 〈Billy Jean〉 by Michael Jackson on my TV.

4. 03

Listen to CNN News.

I want to watch ESPN News on my TV.

What's the latest in politics?

What's the latest in technology?

Go back 7 seconds.

4. 04

1) Add an event to calendar.

2) Add an event called 〈business trip〉

3) Add an event tomorrow at 10 a. m.

4) What's on my calendar for Saturday?

5) What's my next event?

4. 06

1) Remind me to clean up the house in 10 minutes.

2) Remind me to call my mom at 5p. m.

3) Remind me to eat out on Friday 6p. m.

4) What are my reminders for today?

5) Cancel my reminders for tomorrow.

4. 08

1) Set a timer for 5 minutes.

2) Set a timer for 2 hours.

3) Set a timer called ⟨boiling eggs⟩.

4) How much time is left on ⟨boiling eggs⟩?

5) Cancel the timer called ⟨boiling eggs⟩.

4. 09

1) How many calories are in an apple?

2) How many calories are in a piece of cheese cake?

3) How much fat is in milk?

4) How much iron is in a banana?

5) What nutrients does yogurt provide?

4. 12

1) Add soap to my shopping list.

2) Add three toothbrushes to my shopping list.

3) What's on my shopping list?

4. 13

1) Read ⟨Sleeping Beauty⟩ on Google Play Books.

2) Read ⟨The Fox and The Crow⟩ on Google Play Books.

3) Read ⟨Grasshopper and The Ants⟩.

4) Go back 10 seconds.

5) Who wrote this story?

4. 13

1) What is 7 plus 24?

2) What is 9 times 2?

3) What is 25 percent of 20?

3) What is two thirds of 48?

4) What is the square root (the second root) of 4?

4. 14

1) What does ⟨pretend⟩ mean?

2) What are synonyms for ⟨understand⟩?

3) What are antonyms for ⟨keep⟩?

4) How should I spell ⟨language⟩?

5) How should I spell ⟨global⟩?

4. 15

Tell me about Einstein.

Who invented the train?

What causes stress?

How many countries are in Asia?

Why is exercise important?

4. 16

What was the score of the last Manchester United game?

What's the standing of LA Lakers?

What team is leading the Bundesliga?

What's the schedule for the Golden State Warriors next week?

What games are playing in La Liga this week?

4. 17

How are the markets doing?

What is the S&P 500 trading at?

What is LG Electronics trading at?

What is the closing price of Samsung SDS?

What is the cap market of Samsung Electronics?

4. 20

How can I say 'hello' in Japanese?

How can I say 'good-bye' in Chinese?

How can I say 'nice to meet you' in German?

How can I say 'do you like Korean food' in Spanish?

Repeat it.

4. 22

Set an alarm for tomorrow at 7 a. m.

Set an alarm for this Saturday at 8 a. m.

Set an alarm called ⟨homework⟩.

When is my alarm for Saturday?

Cancel the alarm set for tomorrow at 7 a. m.

4. 23

Play relaxing jazz music for 5 minutes.

Play night time classical music until 11p. m.

Play ⟨Hotel California⟩ by Eagles for 2 minutes.

Play the album ⟨X and Y⟩ by Coldplay for 10 minutes.

Cancel the sleep timer.

4. 24

1) Turn on all the lights.

2) Turn off the ⟨Small Light⟩.

3) Dim the ⟨Big Light⟩ by 20 percent.

4) Turn the ⟨Big Light⟩ green

5) Turn off all the lights in the bedroom.

MEMO

구글(Google)과 함께하는
AI 영어스피킹

발 행 일 2019년 1월 5일 초판 1쇄 인쇄
　　　　　 2019년 1월 10일 초판 1쇄 발행

저　　자 한동근

발 행 처  크라운출판사
　　　　　 http://www.crownbook.com

발 행 인 이상원
신고번호 제 300-2007-143호
주　　소 서울시 종로구 율곡로13길 21
대표전화 02) 745-0311~3
팩　　스 02) 766-3000
홈페이지 www.crownbook.com
I S B N 978-89-406-3642-8 / 13740

특별판매정가 25,000원

이 도서의 판권은 크라운출판사에 있으며, 수록된 내용은
무단으로 복제, 변형하여 사용할 수 없습니다.
Copyright CROWN, ⓒ 2019 Printed in Korea

이 도서의 문의를 편집부(02-744-4959)로 연락주시면
친절하게 응답해 드립니다.